中学校英語サポートBOOKS

1分間で
できる！

生徒が
熱中する！

英語授業
アイス
ブレイク
120

岩井敏行 著

明治図書

JN043585

はじめに

　先生方の教室へ向かう足取りは，授業に向かう足取りは軽やかでしょうか？　それとも重たいでしょうか？

　この問いに「軽やか」と答えた先生方は，「どんな授業を展開し，生徒たちにどんな力をつけるか」に関して具体的なアイデアがあり，生徒たちが楽しく学ぶ姿がイメージできているのでしょう。

　一方，足取りが重い先生方は，授業の準備が思い通りできず，生徒たちが楽しく学ぶ姿がイメージできていないのではないでしょうか。

　教師の仕事の中心は授業です。授業の準備，つまり教材研究こそ，もっとも大切にされるべきもののはずです。

　本書執筆の大きなきっかけは，「多くの先生に授業を楽しんでほしい」というものです。多くの先生方が生徒の笑顔を思い浮かべながら，教室に向かうことを願っています。まるで，プレゼントを抱えて大切な人に会いに行くように。

　そのプレゼントにあたるものが，本書で紹介する「1分間でできる楽しいアイスブレイク活動」です。すぐできる「活動アイデア」です。「生徒たちはどんな反応するかな？　あの子は活躍してくれるかな？　英語が苦手なあの子も参加してくれるかな？」などとポジティブなイメージを抱きながら，授業に向かってほしいのです。

　「楽しいこと」は教科指導の本質ではないかもしれません。しかし，授業の楽しさは，その教科を前向きに学ぶきっかけになり，生徒の人生を豊かにしてくれます。生徒たちの笑顔こそ，私たち教師の最高の報酬です。本書が楽しい授業の実現のお役に立てば，これほど嬉しいことはありません。

2024年1月

岩井敏行

CONTENTS

読む活動

話す活動

Chapter 2

ペア・グループで楽しめる授業アイスブレイク　　75

聞く活動

読む活動

話す活動

Chapter 3

1人で熱中できる授業アイスブレイク　　115

聞く活動

読む活動

話す活動

書く活動

参考文献

Prologue

成功する！授業アイスブレイクのポイント

POINT 1 | 楽しそうな雰囲気をつくろう！

❶楽しさは伝染する！　演じよう！

　「楽しい」授業を行う前に，大切なことがあります。それは，「楽しく」授業を行うことです。たった一文字の違いですが，大きな違いです。

　教師が楽しそうに授業を行うと，生徒たちも楽しさを感じやすくなります。そのために，まずはスマイル！　笑顔が大切です。口角を上げて，ちょっと高めのトーンで挨拶。教師は太陽。心が不安定になりがちな年頃の少年少女にエネルギーを注ぎましょう！　たとえプライベートで何かあったとしても，明るく元気な先生として振る舞いましょう。そこはプロ根性！　気合い入れていきましょう。にっこり笑顔，明るい挨拶，シャキッと背筋。3点セットをお忘れなく。

❷下手な鉄砲も数撃ちゃ当たる！

　50分の授業の最初から最後まで「楽しい」授業を行うことはとても難しいことです。いきなりそこを目指してしまうと，厳しい現実にぶつかり戦意喪失……となりかねません。

　そこでおすすめなのが，「瞬間最大風速」を目指すことです。授業の中の，1パーツでも，たったの1分でも，教室が笑いに包まれたら大成功だと考えるのです。本書で紹介するさまざまな活動を教室に持ち込みましょう。そして，楽しい雰囲気を生み出すことを成功させましょう。すべてのネタがうまくはいかないでしょう。しかし，打席に立ち続け，バットを振り続けることが大切です。「下手な鉄砲も数撃ちゃ当たる！」を合言葉に，楽しくチャレンジを続けましょう。

❸目の前の生徒に合わせて，微調整しよう！

本書で紹介するさまざまな活動を，効果が出るようにどんどん手を加えてください。目の前の生徒たちが，いま何に興味があるのか，どんな状態にあるのか，そこを見極め，微調整してください。同じ活動でも，授業中のどのタイミングで行うのか，活動の時間の長さをどうするか，ペアやグループをどう作るか，成否を決める要因はたくさんあります。一度やってうまくいかなかった場合は，何か変化を加えてみてください。

1回目の活動が盛り上がらない場合があります。それは，単に活動を理解できていない，慣れていないからかもしれません。活動を一旦止めて，再度説明をすると盛り上がることがあります。

❹授業のねらいや評価のことは考えない！

「その活動にどんな意味がある？」。そう聞かれて困ることはよくあります。あえて言うとすれば，「教室を明るい雰囲気にする。次の活動を楽しむための心の準備体操」くらいでしょうか。これから紹介するたくさんの授業の小ネタ一つひとつに，意味をもたせることは可能です。しかし，生徒たちが笑顔になること以上の目的はありません。生徒たちがその活動を楽しんで，「先生，もう1回」とか「あのゲーム，楽しかったです」と言ってもらえたら，授業者としてはいい気持ちになります。

私たちは，なぜ教師を目指したのでしょうか。やはり生徒たちの笑顔を見たいという思いがあったからだと思います。生徒たちにとって価値のある授業をすることももちろん目標ですが，もっと身近な目標としては，「楽しい授業」しかも「英語が苦手な生徒も楽しめる授業」をしたいと願っているはずです。ねらいや評価を忘れて，生徒たちと授業を楽しむ姿勢をもつことも大切です。

POINT 2 | 道具の力に頼ろう！

❶1人1台端末で，できることが広がる！

　生徒一人ひとりが iPad などの端末を持つようになったことで，授業でできることがものすごく増えました。特に，自分に合った学び方を選べるようになった点が大きいでしょう。生徒は一人ひとり違います。今まで，一斉に，同じ内容を同じペースで学習していました。しかし，教室には英語が得意な生徒もいれば，苦手な生徒もいます。難易度を変えた課題を用意したり，学習形態を変えたりと，工夫をこらす先生もいましたが，限界があります。

　そこで大活躍するのが一人ひとりの持つ端末です。例えば，リスニング活動の際，1回で理解できない場合は，自分が納得するまで繰り返し聞くことができます。音読練習も，文法問題も同様です。根気強い教師が一人ひとりについているようなものです。

　1人1台端末の登場で生徒の表現活動にも革命が起きました。Show&Tell のような活動のクオリティが一気に上がりました。紹介したいものの写真や動画をその場で見せることができます。プレゼンソフトを使いこなす生徒もたくさんいます。

　また，発表の形態も多様化しました。今までは，みんなの前で一発本番！という感じでしたが，動画に撮ったものを共有ドライブにアップすることが可能になりました。自宅で納得がいくまで練習をする生徒，動画編集に意欲的に取り組む生徒もいます。大人顔負けの技術に圧倒されます。互いの作品を見て，オンラインでコメントをし合うことも当たり前になりました。

　写真や動画が気軽に残せることは，アドバイスする教師にとってもメリットがたくさんあります。ポイントを絞って指導することができます。そして，何よりも生徒の成長をはっきりと捉えることができる点が魅力です。

❷侮れないストップウォッチ

　時間をはかる。とてもシンプルな行為ですが，生徒の意欲を高める力を秘めています。単なる音読練習も，「15秒以内で読みましょう」と言うだけで雰囲気がガラッと変わります。タイムアタックが意欲をかきたてます。ストップウォッチという冷徹な審判の前ではみなその判定に従います。

　タイムを測定することのメリットは，成長を感じられることでしょう。100m のタイムでも，マラソンのタイムでも，自分が成長しているとわかることは非常に嬉しいことです。もっと頑張ろうという意欲も湧きます。

　生徒が持つ端末にもストップウォッチ機能があります。自分の音読タイムや視写タイムなどを記録することで，自分が着実に成長したことを実感できるようになります。授業では，30秒以内で B，20秒以内で A，15秒以内で S などと評価ラインを示すと生徒たちは意欲的に取り組みます。

❸ BGM が教室の雰囲気を明るくする！

　私は生徒がペア活動や，インタビュー活動に取り組んでいる時に，音楽を流すことがよくあります。競争的な要素の活動の時には，スピード感のあるドキドキな音楽を選択します。落ち着いた活動の時には，リラックスさせる音楽を流します。ネット上にある著作権フリーのものを使うことが多いです。Microsoft PowerPoint などのプレゼンソフトで作った残り時間を示すタイムバーアニメーションと組み合わせて，その音楽を流します。

　また授業が始まる前から英語の音楽を流すこともあります。現在小学校で英語を教えていますが，授業前の休み時間に音楽を流すと子どもたちは自然に英語の歌を口ずさみます。とてもスムーズに英語を学習する雰囲気を生み出すことができます。

POINT 3 | 教師を忘れて，司会者になろう！

❶授業はバラエティ番組！

「授業は，知識をもっている教師が，知識をもっていない生徒に，知識を伝達する場である」と言ったら多くの人が違和感を覚えるでしょう。ネットの発達，AIの進化により，「知識をもっていること」の価値は相対的に下がっています。では，教師の存在意義とは？　難しい問題です。

私が思う教師の存在意義は，「学問の楽しさ，奥深さを伝えること」だと思っています。そう考えると，生徒が英語の授業を楽しみ，英語という学問の面白さに気づいたり，英語を使う楽しさに気づいたりできたら，その先生の仕事はすばらしいものだと言えるでしょう。「勝手に英語を学んでいく」生徒が現れたら，本当にすごいことです。

もちろん，人間一人ひとり興味関心，成長段階も異なりますので，生徒全員に同じ結果を求めることはできません。しかし，多くの生徒が，「授業を楽しむ」ことができたら大成功でしょう。

そのために，教師は，バラエティ番組の司会者のように，さまざまな活動を授業に散りばめることが必要です。優秀な司会者は，参加者の持ち味や強みを引き出し，番組を盛り上げます。本書では多種多様な活動を紹介しています。ぜひ，目の前の生徒たちが楽しんでくれそうな活動を，気軽な気持ちでやってみてください。

❷成長と活躍を喜ぼう！

さまざまな活動を授業に盛り込む良さは，さまざまな生徒の活躍を見ることができることです。ペーパーテストやパフォーマンステストでは，普通に

英語が得意な生徒が活躍します。それはそれで大切なことですが，授業では
さまざまな生徒に楽しく活動し，どんどん活躍してもらいたいものです。英
語は得意ではないけれど，コミュニケーション能力が高いAさん，クイズが
得意なBさん，もの静かだけれど創作アイデアが豊かなCさん……。活躍の
場を用意したいですね。

　多様な活動を持ち込むことは，生徒の良さを見つけるさまざまな「定規・
モノサシ」を教室に持ち込むことです。絵がうまい，元気がよい，発言力が
ある，ひらめきがある，ものしり……英語とは直接関係ない力をもつ生徒が
活躍すると，みんな元気になります。授業を楽しむ雰囲気が広がります。体
育が得意でない生徒が逆転シュートを決めて盛り上がることに似ています。

❸多様な活動で心理的安全性を高めよう！

　心理的安全性という言葉が一時期よく聞かれました。簡単に言うと，その
空間が自分らしくいられるかどうか，ということでしょうか。心理的安全性
の高い職場では，離職率が低いだけでなく，個々人のパフォーマンスも高い
と言われています。

　生徒たちが学ぶ教室はどうでしょうか。失敗したら笑われるんじゃないか。
こんなつまらない質問をしたら馬鹿にされるんじゃないか。そんな不安を抱
えている生徒はいないでしょうか。

　多様な活動は，さまざまなモノサシを教室に持ち込むことと述べました。
例えば，早口言葉。かまずに早く言えたら大成功！　教室は盛り上がります。
しかし，うまく言えなくても教室は明るい笑いに包まれます。ある意味大成
功です。失敗にも価値がある。挑戦にこそ価値があるというメッセージにな
ります。教師が生徒たちの持ち味を引き出すために，授業を工夫していると
いう事実は，生徒たちにとって大きな安心材料になります。さまざまな活動
を持ち込み，たくさんの笑いを生み出しましょう。笑いの中で，たくさんの
活躍と成長が見つかります。生徒とともに喜びましょう。

POINT 4 | 50分, あっという間を実現しよう!

❶短い活動と長い活動を組み合わせよう!

　目の前の生徒たちは YouTube や TikTok などのショート動画に慣れている世代です。短時間で完結するものに慣れています。逆に, 長時間のコンテンツには慣れていません。単調な活動が長く続けば, 集中力はどこかへ行ってしまいます。

　そこで大切なことは, 授業に短い時間で完結するパーツを盛り込むことです。授業にちょっと「味変」を入れましょう。自席で読む活動が続いた後に, 出歩いて会話する活動を入れる。賑やかに話した活動の後に, シーンと視写する活動を入れる, などです。授業の中に, 「静と動」を入れます。緩急と表現することもできます。

　小学生は動きたがります。大きな声を出したがります。じっとしているのが難しい子もいます。それが自然です。その子のストレスを解消するために, 意図的に立って歌う活動, 出歩いてインタビューする活動などを行います。そうすることによって, その後の活動への集中力が高まるのです。

　中学生の中にも, 多動傾向の生徒はいます。気分をリフレッシュする活動を積極的に取り入れましょう。

❷活動の形態を変化させよう!

　一斉に話を聞く, グループで協力する, ペアで対戦する, 個人で作業する。学習の形態は多様です。グループ活動, ペア活動といっても, 「誰と一緒なのか」は生徒にとって大きな関心事です。私はペア活動をよく行います。その時, ペアを30秒から2分程度で変えます。生徒同士相性があります。学習

16

に向かないペアができることもあります。たまたまケンカの直後で険悪なムードが漂っていることもあります。そんな時も，30秒ならばペア活動が成り立つかもしれません。多くの場合そうですが，何も活動しなくても1分後にはペアは解消されます。次に活動できれば御の字です。時には，強制的なペア活動が関係改善に貢献することもあります。

　生徒の集中力を高めるため，学習意欲を引き出すため，学習形態を変化させることは効果的です。

　私はペアのローテーションパターンを20種程度用意していました。

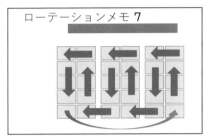

ある日のローテーションパターン

❸ 「聞く・読む・話す・書く」を組み合わせよう！

　1時間すべて，1つの技能の強化に使うことはありません。バランスよく高めることが大切です。生徒が飽きずに授業に取り組むという点でも，バランスよく活動を構成することは重要です。

　生徒の好みや強みもさまざまです。「聞く・読む」は好きだけれど，「話す・書く」は嫌いという生徒，その逆の生徒もいます。50分の中で，どの生徒にも「自分にとっての好きな時間，好きな活動」があるような状態が理想です。

　生徒たちが「50分があっという間だった」と感じるように，多様な活動を用意しましょう。学習活動，学習形態，学習時間……。授業の成否を決める変数はたくさんあります。試行錯誤を続けましょう！

POINT 5 | 教師自身が変化を続けよう！

❶いつの間にか陥るマンネリ授業

　教師を長い期間やっていると自分の「授業のスタイル」ができあがってきます。よく言うと安定していると言うことができます。しかし，悪く言うと，「ワンパターン」とも言えるでしょう。いつの間にかマンネリに陥っています。変化には痛みが伴います。授業を変化させることは，ある意味で自己否定にもなります。よって，なかなか変化できないのが事実です。

　自分の授業を客観的に見てみましょう。自分の授業を分析してみるのです。どんな活動で構成されているのか。それらの活動はどのくらいの長さなのか。生徒の反応はどうか。自分自身は楽しんでいるか。とても重要です。

　勇気を出して生徒にアンケートをとることも必要でしょう。生徒に求める「ふりかえり」を自分でもやってみるのです。生徒アンケートには，貴重な意見が含まれているものです。

❷小さい変化から始めよう！

　いきなり50分すべての構成を変えることは難しいでしょう。授業に楽しさがほしいと思ったら，3分以内で終わる楽しそうな活動を取り入れましょう。いつも眠そうなあの子の笑顔が見たいと思ったら，動きのあるアクティビティに取り組ませましょう。自分の授業に足りないもの，欲しているもの，それらが引き出せそうな活動を見つけてください。

　50分の中のほんの数分，新しいことを取り入れてみましょう。その時の生徒たちの取り組みの様子，表情をよく観察してください。うまくいったらラッキー！　ダメだったらまた挑戦！　気楽に試しましょう。

❸教師が学習者としてのモデルになろう！

　教師は生徒に知識を与える役割から，学ぶ楽しさを伝える役割に変わったと思います。学ぶことは豊かな人生を送るための贅沢品です。趣味と言ってもいいかもしれません。テストで良い点数をとる，第一志望の学校に合格する，なども目標と言えますが，学ぶことの一つの側面に過ぎません。

　人間は楽しいから学ぶのです。

　教師はそのことを，身をもって示したいものです。それを示す一番の方法は，授業を変化させ続けることでしょう。ワンパターンでなく，何が起こるかわからない。そんな授業を展開していれば，生徒たちは，教師が学び続けていることに気づくでしょう。おそらく，そんな先生の授業中に見せる表情は明るく輝いているはずです。それにつられて，生徒たちも授業を楽しみにするはずです。

❹生徒とともに授業をつくろう！

　インターネットが進化したことで，誰もが最先端の情報を得ることができるようになりました。YouTube を見て楽器の演奏の仕方，デジタル動画の作り方，料理の仕方を学んでいる生徒などたくさんいます。英語の勉強をしている生徒もいます。教師だけがもっている知識などたかが知れています。

　生徒の力をどんどん借りましょう。生徒同士で単語の覚え方を紹介させあってもよいでしょう。授業中に行うゲームのアイデアをもらってもよいでしょう。授業がより生徒にとって身近になります。生徒たちが主体的に授業に取り組むようになります。生徒がいつの間にか先生になります。

　本書で紹介する活動も，生徒たちのアイデアを取り入れながら，改良を加えていただけたら，とても嬉しいです。

Chapter **1**

クラス全体が盛り上がる
授業アイスブレイク

タッチゲーム

準備物　なし（もしくは顔，体のパーツのフラッシュカード）

活動の概要

"Touch your head!" "Touch your nose!" などの教師の指示に従って，生徒は自分の体や顔をすばやく触ります。このゲームを通して，体や顔を表す英語が身につきます。

活動の手順

❶教師が活動のモデルを示します。

　　この活動では，"Touch your ○○ ." と言われたら，自分の○○を触ります。練習しましょう。

　　Touch your head!（生徒は頭を触る）OK! Very good!

❷教師の指示に合わせて，全員で行います。

POINT

顔や体のパーツの英単語を導入したら，このゲームで習熟を図りましょう。テンポよく，スピーディーに行うことで，失敗しても楽しい雰囲気が生まれます。間違えたら座るサバイバルバージョンもおすすめです。慣れてきたら，頭を触りながら，"Touch your nose!" などと言ういじわるバージョンも導入しましょう。参加人数を，全体→教室半分→列ごと→個人のように減らしていくと緊張感がさらに高まります。

What's this?（シルエット）

準備物 何かの写真，イラスト，実物，プレゼンソフトのスライドなど

活動の概要

シルエットや一部しか見えないイラストや写真を見せ，「なんだろう？」と思わせて，“What's this?”と尋ねる活動。視覚だけでなく，目隠しして実物を触らせたり，音を聞かせたり，匂いを嗅がせたりしても面白いです。

活動の手順

❶大きな画面に注目させます。

Look at this.（PC 等でシルエットなどを見せて）What's this?
（一人を指名して）What's this?

A guitar?

That's right!

❷テンポよく進め，全体を巻き込みましょう。

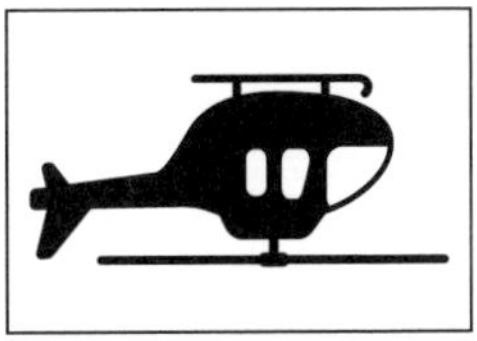

例：シルエットも，
あえて逆さまに提示

POINT

生徒たちの「あれなんだろう？」という気持ちと“What's this?”という音をつなげることが大切です。そのために，上図の例のように見せ方を工夫しましょう。

また，その後の授業の展開に関係あるものを What's this? クイズで取り上げることで，全員が参加できる楽しい導入になります。

Who's this?（一部隠し）

準備物 人物の写真，イラスト（シルエット），プレゼンソフトのスライドなど

活動の概要

シルエットや一部しか見えないイラストや写真を見せ，「誰だろう？」と思わせて，"Who's this?" と尋ねる活動です。

活動の手順

❶大きな画面に注目させます。

😊 Look at this.（PC 等でシルエットなどを見せて）Who's this?

（一人を指名して）Who's this?

😮 Sazaesan?

😊 That's right!

❷テンポよく進め，全体を巻き込みましょう。近くの友達と相談させてもよいでしょう。

POINT

生徒にとってなじみのある人物，人気のあるキャラクターをクイズにするととても盛り上がります。また，その後の学習にかかわる人物をクイズとして導入してもよいです（例：教科書に出てくる人物や物語の筆者などの写真を見せる）。出題する人物の共通点を考えさせる活動も面白いですね。

値段当てゲーム

クラス全体

ペア・グループ

1人

聞く活動

読む活動

話す活動

書く活動

準備物　商品が載っているチラシ（ネット上のサイト）または実物

活動の概要

　値段を隠したチラシやネット上のショッピングサイトを見せ，「いくらだろう？」と思わせて，"How much is this?" と尋ねる活動です。

活動の手順

❶大きな画面に注目させます。

　　👦 Look at this.（チラシなどを見せて）How much is this?

　　（一人を指名して）How much is this? Please guess.

　　👦 5,000 yen?

　　👦（その答えを受けて）Oh, Taro's answer is 5,000 yen.

　　Higher? Lower?（他の生徒にそれぞれ挙手させる）

❷テンポよく進め，全体を巻き込みましょう。近くの友達と相談させてもよいでしょう。

POINT

　値段の予想は誰でも参加できますし，たまたま正解してヒーローになることもできます。また非常に高価（安価）なものを見せて，その値段の理由を考えさせるのも面白いです。さらに，日本の商品ではなく，海外の商品や食べ物の値段を予想させることで，国際理解にもつながります。

声当てゲーム

準備物　誰かが話している音声（タブレットなどに録音しておく）

活動の概要

　タブレットなどで録音した音声を聞かせ，誰が話しているのかを当てさせる活動です。声を聞かせて，"Who is this?" や "Who is talking?" などと尋ねます。

活動の手順

❶録音した音声を聞かせます。

　　（耳に手を当てながら）Everyone, please listen to this voice.

　　（音声を流して）Who is this?

　　（一人を指名して）Who is this? Please guess.

　　Mr.Yamada?

　　That's right!

❷テンポよく進め，全体を巻き込みましょう。近くの友達と相談させてもよいでしょう。

POINT

　声から人物を当てさせるのが基本形です。発展形として，その人がどこにいるのか（Where is he now?），何をしている最中なのか（What is she doing now?）などを考えさせても面白いでしょう。再生スピードの調整もできます。すぐできて，とても盛り上がるゲームです。

ニュースの内容当てゲーム

クラス全体

ペア・グループ

1人

聞く活動

読む活動

話す活動

書く活動

準備物 ニュースの音声（ダウンロードしておくと便利）

活動の概要

　タブレットなどでニュースの音声を聞かせ，何についてのニュースなのか
を予想させる活動です。"What is this news about?" や "What happened?"
などと生徒に問い，考えさせます。

活動の手順

❶ニュースの音声を聞かせます。

　　（耳に手を当てながら）Everyone, please listen to this news.

❷どんな単語が聞こえたか尋ねます。

　　どんな単語が聞こえましたか？　近くの人と相談しましょう。

　　Australia?　　Fire?　　June?

　　Great! This is news about a forest fire in Australia.

❸選択クイズや○×クイズを入れながら，ニュースの概要や詳細について
　つかませていきます。

POINT

　その後の展開に合わせて，ニュースそのものの難易度，問いの難易度を調
整することが大切です。聞き取れる喜び，楽しさを味わえるようにしましょ
う。

過去の写真で「これは誰？」ゲーム

準備物 生徒が知っている人物の過去の写真

活動の概要

同僚の先生にお願いをして，赤ちゃんの頃の写真や卒業アルバムをお借り します。それを生徒に見せて，"Who is this?" と尋ねる活動です。ネット上 の有名人の写真でも可能なゲームです。

活動の手順

❶大画面で写真を提示します。

😀 Look at this picture. Who is this?

❷生徒同士で相談するよう促します。適宜ヒントを与えます。

😀 All of you know his name! He is good at soccer.

近くの友達と相談してごらん。

POINT

過去の写真を使うことで，過去形の導入や習熟につなげることができる活 動です。"He is a science teacher now. But he was not good at science. He began to play soccer when he was 10 years old." な ど生徒たちにとってなじみのある人の情報を活用することで，生徒たちは興 味をもって学ぶことができます。現在完了の学習にもつなげることが可能な 活動です。

「どちらが〜でしょう？」ゲーム

クラス全体

ペア・グループ

1人

聞く活動

読む活動

話す活動

書く活動

準備物 対比される２つのもの　２人の人物の写真・イラスト

活動の概要

　２つのもの，２人の人物の写真を見せて，「どちらが〜であるか」を生徒に考えさせる活動です。「どちらの山が高い？」「どちらの人物が年上？」など２択クイズ形式で楽しめます。比較表現の導入に便利な活動です。

活動の手順

❶大画面で写真を提示し，尋ねます。

　　Look at these pictures.

　　This is Tokyo Tower. This is ABENO HARUKAS in Osaka.

　　Which is taller (higher)? Please raise your hands.

❷生徒同士で相談するよう促します。

　　近くの友達と相談してごらん。

POINT

　ものの大きさ，重さ，長さ。人物の年齢，身長，走る速さなど，楽しみながら比較表現を導入することができます。この流れで，as ... as 表現も自然に教えることができます。さらに，３つ（３人）以上のものを提示し比べると，最上級の導入が可能となります。生徒にクイズづくりをさせることで比較表現の習熟を図ることもできます。

サバイバル2択クイズ

準備物　クイズで提示する情報

活動の概要

　クラスの全員を起立させてから行うクイズ。間違えてしまったら，座っていく。最終問題まで正解し続けた人が勝ち，というサバイバルクイズです。○か×か，AかBか，TかF（ホントかウソ）か，正解は2つに1つ！

活動の手順

❶やることを説明して，全員立たせます。

　　👦 今から2択のクイズを5問出します。間違えたら，座ります。最後まで生き残れるでしょうか？

❷英語で問題を出します。

　　👦 OK, everyone! Question No.1.

　　Is Mr. Tanaka from Tokyo?

　　Yes or no.

POINT

　クイズの内容は生徒たちの関心があるものを選んでもよいし，学習している教科書の内容や文法事項と関連させてもよいでしょう。クイズはさまざまな生徒が活躍できる魅力的な活動です。個人戦だけでなく，グループの中で何人生き残るかを競う形にしても盛り上がります。

イントロクイズ

クラス全体

ペア・グループ

1人

聞く活動

読む活動

話す活動

書く活動

準備物 クイズに必要な音楽

活動の概要

　生徒たちが知っている音楽を流し，できるだけ早くそのタイトルを当てさせる活動です。"What is this song? Who is singing?" だけでなく，"Do you like this song? Who is your favorite artist?" など会話を広げられます。

活動の手順

❶活動を説明し，静かにさせます。

　　😊 OK, everyone. Let's enjoy Intro Quiz. Listen carefully.

❷答え方を説明し，音楽を再生します。

　　😊 If you know the title, please raise your hand.

　　Let's start!（生徒が挙手したら，音楽を止め指名する）

POINT ───────────────────

　音楽は生徒たちが強く関心を寄せるものの一つです。英語が苦手な生徒や英語が嫌いな生徒も楽しく参加できます。曲集めに困ったら，生徒におすすめ曲を教えてもらうのもよいでしょう。曲のタイトル当てのほかにも，歌っているアーティスト名を当てさせたり，使用されているドラマのタイトルを当てさせたりもできます。受け身（受動態）の導入にもおすすめです！

動画で What will happen?

準備物　短い動画

活動の概要

　動画を見せて，途中で止めます。その後の展開を予想させます。意見交換をさせてもよいでしょう。I think 〜. や will を使わせる機会をつくり出すことができます。ネット上の動画でも，自作の動画でもよいでしょう。

活動の手順

❶大画面で写真を提示し，尋ねます。

　👦 Let's watch a short movie. （動画を再生し，途中で止める）

　OK, everyone. I'll give you a question. What will happen to the boy?

❷生徒同士で相談するよう促し，意見を共有します。その後続きを視聴します。

　👦 Please talk with your friends.

　Can you share your idea with us?

POINT

　赤ちゃんやペットのハプニング映像などがおすすめです。何が起こるか，どんなセリフを言うのか，予想をさせましょう。英語の授業では，「言いたい欲」を刺激することが大切です。

え，どこ読んでいるの？ゲーム

準備物 教科書

活動の概要

　教師が教科書のどこを読んでいるのかを当てる活動です。その時に2名程度の生徒を前に呼び，「みんなが正解できないように，大きな声で他のページを音読してください」と指示します。生徒たちは，教師の口の形を観察したり，時折聞こえる声を手がかりにしたりして，正解を目指します。

活動の手順

❶活動の説明をします。

　　👦 先生がどのページを読んでいるのかを当ててもらいます。ただし，邪魔をする人を2人呼びます。AさんとBさんはこちらに来てください。2人は先生とは違うこのページを読んでいてください。

❷実際に1回行い，答えを相談させます。

　　👦 では，やってみましょう。（3人で音読する）
　　先生はどこを読んでいたでしょうか？　相談してごらん。

POINT

　この活動のバリエーションとして，3人の生徒に異なるページを音読させて，「では，Bさんが読んでいたのはどこでしょう？」としても面白いです。

クラス全体

ペア・グループ

1人

聞く活動

読む活動

話す活動

書く活動

英語を話す勇気が出る動画

準備物 英語で必死にコミュニケーションをとろうとしている動画

活動の概要

　自分の英語に自信がもてない生徒に,「発音や文法を気にしすぎないこと」「伝えようとする気持ち, 熱意が大切なこと」を感じてもらうために, つたないながらも英語で頑張って気持ちを伝えようとしている人の動画を視聴させます。芸能人だと出川哲朗さんが有名ですね。

活動の手順

❶大画面で動画を流します。

　　Now, I'll show you a short movie. Please enjoy watching it.

❷感想をシェアさせた後, コミュニケーションにおいて大切なことを尋ねます。

　　（動画を見た後）Please share your opinion with your friends.

　　（話し合いの後）What is important when we communicate with other people?

POINT ―――――――――――――――――――――――――

　どうしても私たちは「正しい英語」という呪縛に囚われてしまいがちです。楽しい動画を見ることで, 心理的なバリアを取り除くことができます。

英語のアナウンス，聞き取れる？

クラス全体

ペア・グループ

1人

聞く活動

読む活動

話す活動

書く活動

準備物　電車や飛行機内のアナウンス，デパートなどでの店内放送の音源

活動の概要

　英語で話されている電車のアナウンスや飛行機のアナウンスを聞かせます。どこでの放送なのか，どんな内容なのかを予想させる活動です。

活動の手順

❶音声を聞かせ，尋ねます。

　😊 Please listen to this announcement. Where is it? What is it about?

　どこでの放送でしょうか？　何についての放送でしょうか？　よく聞いてくださいね。

　（音源を流す）"The doors on the right side will open ..."

❷生徒同士で相談するよう促します。

　😊 近くの友達と相談してごらん。

POINT ───────────────────

　例えば，電車内のアナウンスを聞かせると，電車好きな生徒が活躍することができます。英語の知識ではなく，駅名や列車の知識が役に立ちます。実際の教師が乗車した時に録音してもいいですが，やはり YouTube が便利です。授業では音声だけ聞かせるとよいでしょう。

スリーヒントクイズ

準備物 なし

活動の概要

　3つの情報から，なんのことを表しているのかを推測させるゲームです。例えば，キノコ，星，火の玉といえば，多くの人が「マリオ」を思い浮かべるでしょう。それを英語で行う活動です。

活動の手順

❶活動内容を説明し，例を示します。

　　👤 Let's enjoy Three-Hint Quiz. I'll give you an example. First hint is "music." Second hint is "black and white." Third hint is "Fumika."
　　（クラスのみんなが知っているピアノが得意な生徒）

　　👤 Piano?

❷いくつか出題します。

POINT

　3つのヒントは，教師の声だけでもいいですし，板書してもいいでしょう。また，大型 TV にビジュアルのヒントを提示する場合もあります。ヒントは生徒たちがもつ共有の知識を活用しましょう。スリーヒントクイズは，生徒たちに作らせて，出題してもらっても盛り上がります。ヒントに対する他の生徒からのツッコミで楽しい雰囲気が教室に生まれるでしょう。

虫食い音読

クラス全体

ペア・グループ

1人

聞く活動

読む活動

話す活動

書く活動

準備物　虫食い文章

活動の概要

　教科書本文のテキストを虫食い（単語がところどころ隠されている）状態にしたものを大画面に提示して行う音読練習です。虫食いの部分を変えたり，増やしたりしながら，繰り返し楽しく音読の力をつけていきます。分量を調節し，最終的には暗唱に結びつけてもよいでしょう。

活動の手順

❶虫食い文章を大画面に提示します。

　👦 文章の一部が隠されています。記憶を頼りに，または，前後関係から予想して，音読をしましょう。

❷虫食い部分を変えたり，増やしたりして練習を行います。

POINT

　音読を何度も行うためには，変化をつけることが大切です。虫食い音読は，少しずつ負荷がアップするチャレンジングな活動です。単語の隠し方も，先頭の文字だけ見えるように隠すパターン，単語の最後の文字だけ見えるように隠すパターンなどいろいろ考えられます。名詞や動詞などの内容語を隠すよりも，冠詞や前置詞などの機能語を隠す方が難易度は高くなります。

プチフォニックス

準備物　なし

活動の概要

　フォニックスのシンプルなルールに則った単語を発音する活動です。教師が書いた文字を読ませたり，教師が発音した英語を書かせたりします。音と文字，文字と音のつながりを定着させるために行う活動です。

活動の手順

❶教師が黒板に書いた単語を読ませます。

　　😀（黒板に cat と板書し）これはどう読みますか？

　　😀キャット？

　　😀そうですね。（c/a/t とスラッシュを引きリピートさせる）

❷教師が発音した英語をノートに書かせます。

　　😀では，先生が英語を発音します。それをノートに書いてください。

　　アルファベット3文字の単語です。（例：dog　bag　six など）

POINT

　英単語の基本ルールを知ることで，多くの語を読み，書くことができます。空いた時間に数回行うことで，多くの生徒が音と文字の関係を少しずつ理解することができます。丸暗記ではない効率のよい学習が期待できます。

日記のタイトルメイキング

準備物　短い日記の英文

活動の概要

　誰かが書いた日記（問題集やネット記事，自作，生徒作問わず）を読み，それに対するタイトルをつける活動。タイトルをつけるには，英文全体を読む必要があります。細部ではなく，全体像を捉え，メインの出来事を見つける力を鍛えることができます。

活動の手順

❶日記英文を読ませます。

　😊 みなさんには，今からこの日記を読んでもらいます。そして，内容に合うタイトルを考えてもらいます。（英文を配付し，読む時間をとる）

❷タイトルについて意見交換をします。

　😊 では，意見交換タイムをとります。その後，発表してもらいます。

POINT

　タイトルを0から考えることが難しい場合は，選択肢を与えて，選ばせるのもよいでしょう。また，「読みたくなるキャッチーなタイトルを考えましょう」と言うと，生徒の創作意欲を刺激します。素材となる日記文の作成を，ALT や ChatGPT に依頼してもよいでしょう。

【注】から内容予想

準備物 長文読解の問題

活動の概要

　多くの生徒が苦手意識をもつ長文読解問題。文章を読み始める前に，未習語句の意味が書いてある【注】に目を通すことで，読みやすさが高まる経験をさせる活動です。この活動では，【注】だけを見せて，どんな内容が書かれているかを予想させます。実際に読む活動に入っても OK です。

活動の手順

❶活動内容を説明します。

　　😊 二酸化炭素，森林，海面。みなさんは，何を思い浮かべますか？

　　😊 地球温暖化？

　　😊 そうです。みなさんが苦手とする長文問題も，何について書いてあるのかがわかれば，格段に読みやすくなります。これから，【注】から内容を予想する活動を行います。

❷例を使って，予想の練習をします。

POINT

　【注】にある語句を見れば，医療の話なのか，AI の話なのか，大まかな予想を立てることができます。予想できると既存知識を生かすことができます。

同じ母音の単語探し

準備物 なし

活動の概要

free と green はともに ee という綴りをもっています。そして，その部分は同じ発音をします。そのように，同じ綴りで，同じ発音をする単語をたくさん見つけさせる活動です。

活動の手順

❶教師が例示を行います。

😊 free と green の共通点はなんですか？

😀 ee の部分です。

😊 イーという音です。

😊 その通りです。ee という綴りはイーという発音をするのですね。

これら以外に，どんな単語をあるか，探してノートに書きましょう。

POINT

英語には，綴りから発音を予測できるものと，そうでないものがあります。予測できるものをたくさん読ませることで，英語に対する安心感をもたせることができます。英単語の綴りを覚える時にも役に立つでしょう。ee ではなく ea にすると，綴りが同じでも発音は異なることが理解できるはずです。

教科書やタブレットを使わせると，たくさんの単語を見つけることができます。

クラス全体

ペア・グループ

1人

聞く活動

読む活動

話す活動

書く活動

英英辞典ゲーム

準備物 英英辞典

活動の概要

　英英辞典で，ある単語の意味を調べます。単語を隠し，説明の文章のみを生徒に提示します。その英文を読み，なんの単語の説明か予想させる活動です。

活動の手順

❶教師が例示をして活動内容を教えます。

　　英単語の意味を，英語で説明している辞書があります。英英辞典と言います。いまから，ある英文を見せます。それが，なんという語を説明しているものか予想してください。

❷プリントを配り（もしくは大画面に提示し），考えさせます。

POINT

　dog をロングマン現代英英辞典で調べると，"a common animal with four legs, fur, and a tail. Dogs are kept as pets or trained to guard places, find drugs etc"とあります。わかる部分から答えを想像し，また答えから意味がわからなかった部分を想像することで，読解力が高まることが期待できます。ChatGPT を活用し，説明する文章の難易度をコントロールすることも可能です。

英文なぞなぞ

クラス全体

ペア・グループ

1人

聞く活動

読む活動

話す活動

書く活動

準備物 なぞなぞが書かれているプリント

活動の概要

　なぞなぞを好きな生徒はたくさんいます。「なぞなぞだよ！　わかるかな？」と言ってから英文を見せると，いつもよりも意欲的に読みます。わからない部分があっても，全体から予想して，なんとか答えを出そうとします。問題は教師がさまざまな資料から見つけて作成します。

活動の手順

❶活動の説明をしてプリント（問題）を配り，活動します。

　👤なぞなぞプリントを配ります。英語で書かれています。最初は一人で考えましょう。その後友達と協力してもかまいません。

POINT

問題例１：I have legs but cannot walk. What am I?（chair）

問題例２：What is the longest word in the dictionary?（smiles）

　　　　解説：ｓとｓの間に mile（１マイル）入っているのですね。

問題例３：What ant is the largest?（elephant）

　　　　解説：elephant には ant が入っていますね。日本語のクイズの，「パンはパンでも食べられないパンは？」に似ています。

クイズを生徒に探させたり，作らせたりするのも楽しいです。

英文間違い探し

準備物 似ている２つの英文が書かれているプリント

活動の概要

　２つの似ている文章を比べながら読むことを通して，注意力を高める活動です。名詞を変えたり，数を変えたり，前置詞を変えたり，時制を変えたりしましょう。「間違いの数は５つあります」という親切バージョンと，「間違いの数は秘密です」といういじわるバージョンを上手に使い分けてみましょう。

活動の手順

❶教師が活動の説明をし，活動します。

　　👦　２つの絵を見比べる間違い探しの英文バージョンを行います。注意深く読んで，文章の違っている点を５つ見つけてください。

POINT

　この活動を行うと，英文読解の「内容正誤判定問題」に自信をもつ生徒が増えます。正誤判定をするための，「似ている英文を見つけ，比べる力」が高まるからです。違いの種類としては，単語の綴り，単数か複数か，名詞句，動詞の時制，肯定か否定か，前置詞，数詞（数，日付，時刻など）などがあります。教科書の英文を部分的に書き換えると，生徒たちが取り組みやすい問題を時間をかけずに作ることができます。

ラップになるように単語を選ぼう

クラス全体

ペア・グループ

1人

聞く活動

読む活動

話す活動

書く活動

準備物　プリントか提示用画像

活動の概要

　「ラーメン，つけ麺，ぼくイケメン」や「セブン，イレブン，いい気分」など，韻を踏んでいるフレーズは耳に残りやすいものです。2つ同じ韻の語を提示した後，どちらの単語を選べば，ラップのように韻を踏むことになるか選ぶ活動です。例えば，sox と box を見せた後，six と fox のどちらかを選ばせます。この活動を通して，ライミング（押韻）感覚を磨きます。

活動の手順

❶教師が例示し説明し，活動します。

　🙂 Please read this word.（sun と板書）　　😀 Sun!

　🙂 How about this one.（run と板書）　　😀 Run!

　🙂 では，次に続くとしたら，どちらがいいでしょうか？

　（fun と big と板書）　　　　　　　　😀 Fun!

　🙂 そうですね。同じ音のものを選んでください。これを「韻を踏む」と言います。韻を踏むように単語を選んでください。

POINT

　綴りが同じ例（tall ball [<u>fall</u> / fell]）と綴りが異なる例（clean tree [bread / <u>free</u>]）のどちらも，経験させることが大切です。

レシピ読解

準備物　レシピ英文プリントか画面提示資料

活動の概要

　英語で書かれたレシピを読ませて，なんの料理のレシピなのかを読み取る活動です。1人で取り組むよりも，グループで協力して読ませると，料理経験が豊かな生徒の活躍が見られ，とても面白い活動になります。

活動の手順

❶教師が活動を説明します。

　　みなさんに今からある料理のレシピを配ります。グループで協力してなんの料理のレシピか当ててください。当然，レシピは英語で書かれています。

❷グループを作って，読解活動を行います。

POINT

　英文レシピは教師が作成します。料理名がわかったチームには，英語で書かれた材料や調理方法を予想させたり，調べさせたりしましょう。さまざまな発見があります。制限時間を設けて，○分経過してもわからない時は，タブレットで調べてもよいとしましょう。意味がわかるところから，他を推測する力を磨きます。

音読タイムアタック

準備物 教科書（もしくは教師が用意したリーディング素材）

活動の概要

　教科書の英文をどのくらいの速さで音読できるかタイムを記録する活動です。どのくらいの分量にして，どのくらいのタイムを目指すのかは，生徒の実態に合わせて調整してよいでしょう。速さに気を取られるあまり，音読の質が低下しないように，教師が適宜チェックする必要があります。スピードの基準ですが，1分間に60語読むスピードを60wpm（words per minute）と表すことができます。例えば，90語の文章を1分で読めたら90wpm，30秒で読めたら180wpm となります（計算式：文章の語数÷音読タイム×60＝生徒の wpm）。

活動の手順

❶教師が説明し，活動します。

　　教科書 p.20の文章をできるだけ速く音読します。どのくらいのスピードで読めるか計測します。タブレットのストップウォッチ機能を使って，各自練習してください。3分後計測します。

POINT ─────────────────

　英検の問題はおよそ120wpm で，海外のニュースはおよそ180wpm で読まれるそうです。目安を示し，適切なスピードで読めるよう指導しましょう。

英語の名言紹介

準備物　英語の名言プリント

活動の概要

　英語の名言やことわざを見せて，その意味を読み取る活動です。日本語と英語の共通点や相違点を感じることができます。そもそも日本語のことわざを知らない生徒も多いので，グループで協力して，互いの知識を活用し合うことをおすすめします。

活動の手順

❶教師が例を紹介し，活動します。

　　"Time is money." これはどんな意味でしょうか？

　　時は金なり。

　　That's right. その通りです。"Time is very important." ということですね。では，これは？ "If you can dream it, you can do it."

　　もし，夢見ることができたら，できる？

　　そうですね。思い描くことができたら，それを実現することができるという意味です。さて，これは誰の言葉か知っていますか？（以下略）

POINT

　英語の名言やことわざ，素敵なものがたくさんあります。生徒に探させてもよいですね。ひと月に一つずつ，廊下などに掲示するのもおすすめです。

英語の注意書き，どんな意味？

準備物　英語で書かれた注意書き（もしくはその写真）

活動の概要

　駅や図書館など，公共の場所には，日本語以外の言語でも案内や注意書きが書かれています。それらを写真に撮ってそのまま生徒に見せます。その文を読ませて，どんな内容なのか，どこにあったものかなど話し合わせる活動です。英文の周辺の映像やマークがヒントになってしまう場合は，上手に隠しましょう。

活動の手順

❶例を見せて，どんな内容か予想させ，活動します。

　👤 Please look at this picture. There is an English message for foreign people. What this message mean? Where is the message written? Please talk with your friends.（どんな意味か，どこに書かれていたか，相談しましょう）

POINT

　駅，図書館，ホテル，デパートなど，外国の方がよく利用する施設に行った時が教材研究のチャンスです。英文が正しくないこともありますが，それもまた生の教材として活用可能です。この活動を通して，否定の表現の多様性や丁寧さを出すための工夫など生徒たちは理解することができます。

リズムに乗ってアリタレーション

準備物 単語が書かれているシートもしくは PC 画面表示

活動の概要

ミッキーマウス（M・M）やドナルドダック（D・D）など，単語の最初の音を同じ音で韻を踏むことをアリタレーション（Alliteration）と言います。同じ音で始まる単語をまとめて発音練習することで，英語の音と文字の関係を自然と理解することができます。

活動の手順

❶教師が例を出し説明し，活動します。

Mickey Mouse, Minnie Mouse, Donald Duck, Daisy Duck …
何か気づいたことはありますか？

最初の音が同じ！

そうですね。このように最初の音を重ねるとリズムがいいのです。
いろいろな語でやってみましょう。

POINT

文字と音のつながりがシンプルな子音字からスタートするとよいでしょう。単語は既習語を中心に集めます（boy baby banana / desk dog door）。2文字で1つの音を表すものも練習しましょう(China child chimpanzee)。3つでひとまとまりにして，リズムに乗って発音しましょう。

リズムに乗ってライミング

クラス全体

ペア・グループ

1人

聞く活動

読む活動

話す活動

書く活動

準備物　単語リストもしくは PC 画面提示

活動の概要

　run sun fun や fish dish English のように単語の終わりの音を重ねること
を「韻を踏む」と言います。英語では Rhyming と言います。単語の終わり
に同じ綴りをもつ単語をまとめて発音する活動を通して，音と綴りの関係を
自然に理解することができます。

活動の手順

❶教師が例示し説明し，活動します。

　　　set, get, pet. これらに共通するものはなんですか？

　　　et の部分が共通しています。

　　　そうですね。同じ部分をもっています。発音も同じです。

　　「セブン，イレブン，いい気分」のように同じ音で終わる語を続けるこ
　　とを韻を踏むと言います。では，リズムに乗って発音しましょう。

POINT

　lake bake cake のように3つまとめると言いやすいです。綴りが同じ
で発音も同じものをまとめて提示すると，綴りと音の共通点に気づき，初見の
単語を読む力になります。慣れてきたら，綴りが異なっても発音が同じ語があ
ることも自然に導入しましょう。生徒たちに作らせても，発見が多いでしょ
う。

単語ならべ（英単語組み立て）

準備物　なし

活動の概要

　教師がある英単語を構成するアルファベットを，順番を変えて言います（例：desk ならば，k・d・e・s のように言う）。生徒たちは元の英単語が何かわかったら，それを大きな声で言います。一番最初に言えた生徒がポイントゲット。ペアで対戦させても，グループ戦にしてもよいでしょう。

活動の手順

❶教師が活動のモデルを示します。

　　この活動では，先生がある英単語のアルファベットを順番をバラバラにして言います。もとの単語がわかったら，すぐに言ってください。

❷教師の指示に合わせて，全員で行います。

POINT

　教師がバラエティ番組の司会者のように，テンポよく明るく進めましょう。クラス全体でやった時に，参加していない生徒が目立つ場合は，ペアで対戦させるのもよいでしょう。2人の間に消しゴムを置き，先に単語を言えた人が取るというルールにするとかなり盛り上がります。既習の英単語を楽しく復習する時におすすめの活動です。

フラッシュカード

クラス全体

ペア・グループ

1人

聞く活動

読む活動

話す活動

書く活動

準備物 フラッシュカード

活動の概要

　カードをテンポよくめくりながら，英語を発音させる活動です。表にイラスト，裏面にスペリングというフラッシュカード，表にスペリング，裏面に日本語で意味が書かれているフラッシュカードなどがあります。どちらも，音声と意味を結びつけるために行います。

活動の手順

❶教師の後について発音させます。

　　😊 OK, everyone. Please repeat after me(Copy me). Dog.

　　😊 Dog.

❷慣れてきたら，生徒たちだけに発音させます。

POINT

　フラッシュカードは英語学習において語彙の導入や習熟に有効な教具です。テンポよく行うことで，教室に活気が生まれます。ただし，1（教師）対全体で行っていると緊張感が薄れてしまいがちです。時々，列ごとに発音させたり，1人で発音させたりして，変化をつけましょう。英単語の発音に自信をもたせるためには繰り返し聞かせ，繰り返し発音させることが極めて大切です。カードをスムーズにめくるためにはある程度練習が必要です。

いたずらフラッシュカード

準備物　フラッシュカード

活動の概要

　フラッシュカードでのリピートに飽きてきた生徒の集中力を高める活動です。フラッシュカードでリピートしている時に，絵とは違う単語を発音します。例えば，猫の絵を見せながら，dog と言います。生徒はそれにつられないようにします。意味と音，スペリングと音のつながりを意識させたい時に使えます。

活動の手順

❶説明をせずに体験させて，理解させてから，活動します。
　　（カードを見せて）Repeat after me. Dog. (😀 Dog.) Cat. (😀 Cat.)
　　（馬の絵を見せながら）Cow. (😀 Cow! / Horse. 笑)
　　集中して発音してね！

POINT

　生徒の様子を観察し，緊張感が緩んできた時にスパイス的に行うことをおすすめします。教室が笑いに包まれ，活気がよみがえります。全員を起立させ間違えたら座るなどのルールを加えても面白いでしょう。1人ずつ発音させるのもいいですね。スペリングを見せながら行う時には，見た目が似ている語でやると，引っかかる人が増えます。

通訳フラッシュカード

クラス全体

ペア・グループ

1人

聞く活動

読む活動

話す活動

書く活動

準備物　フラッシュカード

活動の概要

　通常のフラッシュカードでの英語発音が終わった後に行います。教師はカードをめくりながら英語を言います。生徒たちはその単語の意味を日本語で言います。カードの順番を入れ替えて数回行います。

活動の手順

❶教師がやり方を説明します。

　　　（発音練習が終わった後）私は英語を言います。みなさんはその意味を日本語で言ってください。

❷全員で行います。順番を入れ替えて数回繰り返します。

POINT

　英単語のスペリングと英語の音を結びつけます。最初は，教師は英語を発音しながらカードを見せます。カードの順番を入れ替えながら何度か練習をしましょう。その後，教師は英語を発音せず，無言でカードをめくります。文字を見た瞬間にその意味が口から出てくるのが理想です。全体練習，グループ練習，列練習をした後，一人ひとり言わせてみましょう。練習に対する緊張感が生まれます。

最後の1枚フラッシュカード

準備物 フラッシュカード

活動の概要

　例えば6枚のフラッシュカードで発音練習を行っている時に，5枚まで発音した後に，最後の1枚を見せずに生徒たちに，"What's this?" や "What's next?" などと尋ねます。生徒たちは記憶を辿って，そのカードがなんなのか考えます。予告をせずに突然行いましょう。より注意深くカードを見るようになります。

活動の手順

❶通常通りにリピート練習をします。

　👦（6枚中5枚目まで発音した後）Hey, everyone. What's this?

　👦 Panda?

　👦 That's right!

POINT

　テンポよく発音練習を行っている途中に突然止まって尋ねましょう。生徒たちはドキッとします。全体に尋ねても，個別に尋ねてもよいでしょう。順番を変えてもう一度やりましょう。正解すると，教室に歓声が上がることがあります。カードの枚数を増やすことで難易度も上がります。生徒たちの挑戦意欲を掻き立てましょう。

クラス全体

ペア・グループ

1人

聞く活動

読む活動

話す活動

書く活動

いじわるフラッシュカード

準備物 フラッシュカード

活動の概要

　通常のフラッシュカードでの発音練習の後に行います。絵カードの全体を見せるのではなく，一部分だけ見えるように隠します。生徒たちはその一部を見て，なんのカードか当てます。絵に慣れてきたら，英語のスペリングの方を見せて同様に行います。最初の一文字，最後の一文字から単語を推測させます。

活動の手順

❶カードの一部分のみを見せます。

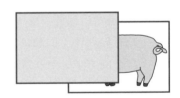

（何度か通常練習した後に）

　Hey, everyone. What's this?

　Pig?

　That's right!

POINT

　フラッシュカードの見せ方のバリエーションを複数もちましょう。一部分しか見せない方法の他には，一瞬だけチラッと見せる方法，カードをひらひらさせて見せる方法，上下逆さまにして見せる方法，ぐるぐる回転させて見せる方法などがあります。教師がカードを見せる場所（教師の立ち位置）を変えることも生徒たちにとっての変化になり，新鮮味が生まれます。

シラブルフラッシュカード

準備物　フラッシュカード

活動の概要

　英語を発音させるのではなく，その単語の音節の数だけ手を叩かせる活動です。例えば，dog や cat なら生徒たちは１回手を叩きます。banana ならば３回，タタータのように叩きます。この練習を通して，音節とアクセントを意識させることができます。英語のリズムを体感することができます。

活動の手順

❶やり方を説明し，活動します。

　　👤（通常の練習の後）今からは英語を発音する代わりに，手を叩いてください。叩く回数は音節の数です。dog や cat なら１回，panda ならば２回です。やってみましょう。

POINT

　日本語を話す私たちはどうしてもカタカナ発音の英語，強弱が見えない平坦な英語になりがちです。シラブル（音節）の数だけ手を叩かせることで，英語らしいリズム，英語らしいアクセントを意識させることができます。もちろん，手を叩かせると同時に英語を発音させても効果的です。手を叩く強さを上手に変えられると，声の大きさもコントロールしやすくなります。

同じライムを探せ

準備物　なし（教科書やピクチャーディクショナリー）

活動の概要

　オンセットとは英単語の最初の子音（のまとまり）を指し，ライムとは母音とそれに続く子音（のまとまり）を指します。例えば，cat の場合，c がオンセットであり，at がライムです。同じライムをもつ単語を探させる活動です。cat と同じライムをもつ単語には，mat，fat，sat，bat などがあります。

活動の手順

❶やり方を説明し，活動します。

　　英語には同じ綴りで同じ読み方をするアルファベットのまとまりがあります。例えば，cat と mat では at の部分が同じ発音をします。他にも bed と red の ed も同じです。先生が一つ単語を黒板に書きます。みなさんは同じ音の綴りをもつ英単語をできるだけたくさん見つけてください。

POINT ━━━━━━━━

　同じ形なら同じ読み方をする。このことに気がつくと，英単語を読むことが楽になります。また単語を書くのも楽になります。オンセット・ライムという考え方を生徒に教えるきっかけになる活動です。

すぐに数字を英語にしよう

準備物 なし（数字マグネットや数字フラッシュカード）

活動の概要

教師が見せた数字を英語で言う活動です。黒板に書いてもよいし，大画面で見せてもよいし，数字が書かれたカードを見せてもよいです。生徒たちはできるだけ早くその数を英語で言う活動です。1から10など，順番に言うことに慣れてきた後の実施がおすすめです。数を素早く言えるようになると，英語で数を聞いた時に理解が早くなります。

活動の手順

❶やり方を説明し，活動します。

　　先生が数字を見せるので，すぐにそれを英語で言ってください。

POINT

数字の発音を正確に行わせることが大切です。two がツーに，three がスリーにならないように適宜指導をしましょう。13なのか30なのか，つまり teen なのか ty なのかがわかるように意識させましょう。1，3，5，7……などのように規則性をもたせて言わせたり，完全ランダムに言わせたりして，変化をつけながら繰り返し行うことで，音と数字が強く結びついていきます。電話番号や年号（1852など）を言わせるのも盛り上がります。

シンプル計算

準備物　なし

活動の概要

　教師が見せた簡単な計算の答えを英語で言う活動です。黒板に書いてもよいし，大画面で見せてもよいし，数式が書かれたカードを見せてもよいです。生徒たちはできるだけ早くその答えを英語で言う活動です。1から10など，順番に言うことに慣れてきた後の実施がおすすめです。シンプルな足し算や引き算からスタートしましょう。

活動の手順

❶やり方を説明し，活動します。

　　👤 先生が算数の問題を出すので，答えをすぐに英語で言ってください。

　　1 plus 4.

　　👥 5!

POINT

　単純に数字を言わせるよりも，ずっと知的で盛り上がる活動です。スピーディーに行いましょう。全体で言わせたり，個別に指名したりして，変化をつけると緊張感が生まれます。数字の代わりに「月名」を使った計算も可能です。例えば March（3）＋ May（5）を見せて，生徒たちに "August（8）!" と言わせる活動です。月名の導入が終わった後に，習熟のためにぜひ取り入れてみてください。

持ち主を当てよう

準備物　誰かの持ち物もしくはその写真

活動の概要

　誰かの持ち物やその写真を見せて，持ち主を当てさせる活動です。Whose の導入と習熟におすすめです。例えば，ある先生の自動車の写真を生徒たちに見せ，誰の車か尋ねます。このように身近な人物に関するクイズはとても盛り上がります。先生の持ち物だけでなく，生徒たちの持ち物（文房具や部活の道具など）も本人の許可を得た上で活用させてもらいましょう。

活動の手順

❶写真を見て，質問をします。

　　Look at this picture! Whose car is this?

　　Is it Mr. Tanaka's car?

　　That's right!

POINT

　Whose は他の wh 語に比べて，登場回数が少ないと思います。そのため，習熟も難しいです。このようなクイズを通して，Whose の使い方に慣れさせることが大切です。教師が出題するだけでなく，タブレットを使って生徒に出題させても盛り上がります。教師では撮影ができないものがたくさん登場し，教室は楽しい雰囲気に包まれます。

カードマッチングゲーム

クラス全体

ペア・グループ

1人

聞く活動

読む活動

話す活動

書く活動

準備物 イラストや言葉が書かれたカード（生徒の人数分＋教師分＋予備）

活動の概要

　同じカードを持つ友達を探す活動です。例えば，犬，猫，うさぎ，ハムスターの4種のカードを人数分配ります。「"Do you have a dog?" などを使って同じペットを飼っている友達を探しなさい」と指示しインタビュー活動をします。「猫を同じ数飼っている友達を探しなさい」「同じ時間に起きる人を探しなさい」など，「同じ人を探す」マッチングゲームは汎用性があります。

活動の手順

❶やり方を示し，活動します。

　　😊 みなさんに渡したカードはあなたが飼っているペットだとします。同じペットを飼っている友達をできるだけたくさん見つけましょう。使うセリフは "Do you have a ～?" です。時間は2分間です。スタート！

POINT ─────

　使わせたい英語に合わせてカードを準備すれば，すぐに可能です。数をマッチさせたい時は "How many?"，時刻をマッチさせたい時は "What time?" を使います。その他，演奏できる楽器，行きたい場所，ほしいプレゼントなどさまざまな場面で，重要な疑問文の習熟活動を行うことができます。

１分間出歩きインタビュー

準備物 なし（メモ用紙）

活動の概要

　導入した疑問文や会話文を習熟させたい時に行う活動です。１つの質問に対し，１つの答えを言うシンプルな会話を，ペアを自由に変えながら行わせます。ジャンケンで勝った方が質問をして，負けた方が答えると役割を決めてもよいでしょう。相手の答えをその後の活動につなげたい場合は，メモするように指示しましょう。

活動の手順

❶場面や目的を示し，活動します。

　　👦 今から，夏休みに行きたい場所について調査をしてもらいます。友達の答えもメモしてください。使うセリフは，"Where do you want to go during summer vacation?／I want to go to ～." です。

POINT

　ペアを固定しないことで，生徒たちは基本的に話しやすい友達と活動できます。仲がよいことが安心感を生むこともあれば，活動に緩みが出てしまうこともあるというリスクもあります。また，自分から話しかけることが苦手な生徒もいます。そういう生徒へのサポートや配慮も必要です。目の前の生徒たちの状況に応じて行いましょう。

リンキングトレーニング

クラス全体

ペア・グループ

1人

聞く活動

読む活動

話す活動

書く活動

準備物 なし（メモ用紙）

活動の概要

　英語には，複数の単語がまるで1つの単語のように聞こえることがしばしばあります。例えば，"Thank you." は「サンキュー」のように1つの言葉として捉えられています。この現象をリンキング（リエゾン）と言います。語連結のことです。リンキングを意識すると，英語の読みや聞き取りに大きなプラスがあります。よくあるリンキングを取り出し，発音させる活動です。

活動の手順

❶複数の単語を見せ，発音練習をします。

　　（大きな画面に英語を写し）Let it go. どのように読みますか？

　　レリゴー？

　　そうです。英語は単語と単語がつながってまるで1語のように読まれることがたくさんあります。それをリンキングと言います。今日はリンキングの練習をしましょう。

POINT

　普段よく使う会話表現の中，生徒が毎日読んでいる教科書の中から，リンキングを抽出し，ポイントを示して練習をしましょう。リンキングには主に，連結，脱落，同化というパターンがあります。短時間の練習を繰り返すことで，発音も聞き取り力も向上します。

写真で一言

準備物 写真やイラスト（データ）

活動の概要

　ある写真を見せて，それに対して英語で笑いが起こるような一言を言わせる活動です。テレビ番組「IPPON グランプリ」のコーナーを英語で行うものです。見せる写真やイラストはネットから見つけてきてもよいし，教師が日常生活で撮影したものでもよいでしょう。ユニークな発想をする生徒が活躍する活動です。

活動の手順

❶例を示し，やり方を説明し，挑戦させます。

　😊（お題イラストを大きな画面に写し）"Next class is English." のように，イラストに合わせてちょっと面白いことを考え発表してください。

POINT

　写真やイラストがもつ情報をそのまま英語にするのではなく，そこにいる人物（動物）の考えやセリフを，ちょっとズラして表現すること，つまり「ボケる」ことは非常に難しいことです。しかし，とても知的で，教室が笑いに包まれる活動です。写真とイラストを複数用意し，教師自身がボケを準備しておくことが大切です。教師が準備しておくと，生徒の発表に対応しやすくなります。

難読漢字で Can you read it?

準備物 漢字（データ）

活動の概要

　読むのが難しい漢字を見せて，"Can you read it?" と尋ねる活動です。地名や人名には予想できない読みをするものがたくさんあります。クイズ形式で楽しめる活動です。生徒に出題させても盛り上がります。よみがなを書いて漢字を書かせる "Can you write?" というバージョンも可能です。

活動の手順

❶例を示し，やり方を説明し，挑戦させます。

　　（漢字で東京と板書する）Can you read this?

　　Yes! Tokyo.

　　That's right! How about this? Can you read this?（北京と板書する）

　　Hokkyo?

　　No, this is ペキン．OK! Let's enjoy 難読漢字クイズ！

　　＊問題例：西瓜　牛蒡　海豚　河豚　鰯　鰹

POINT

　読めそうで読めない漢字を出題すると盛り上がります。各地域には，難しい地名があると思います（土沢，吉沢，荊沢……読めます？）。漢字クイズは知っているか知らないかで決まります。わからない子も一緒に楽しめるようにテンポよく進めましょう（答：どさわ，きちさわ，おとろざわ）。

お次を言ってね！フラッシュカード

準備物　曜日，月名，干支動物などのフラッシュカード

活動の概要

　日，月，火，水，木，金，土などのように順番が決まっている語のフラッシュカードで行う活動です。Monday を見せたら，次の Tuesday を発音する，そんな単純なルールです。曜日の他には，月名や干支の動物，アルファベットでも可能です。「次」を言うのに慣れてきたら，「次の次」「１つ前」「２つ前」を言わせるなど，変化をつけましょう。

活動の手順

❶やり方を説明し，全体で練習します。

　　今から曜日カードを見せます。みなさんは，そのカードの次の曜日を言ってください。例えば，Monday のカードを見たら，Tuesday と言います。

POINT

　曜日や月名は，順番を正確に覚えることがとても大切です。習熟させるために，楽しく繰り返し発話する機会をつくりましょう。全体で練習を行った後は，教室を半分に分けたり，列ごとにしたり，個別指名したりして，緊張感を高めましょう。２人組を作って，先に言った方を勝ちとするゲームをするなど，さまざまなバリエーションが考えられます。

Odd One Out ゲーム（仲間はずれはどれ？）

準備物 写真やイラスト（データ）

活動の概要

　3つ（4，5つでも可能）の絵や写真を見せて，仲間はずれを1つ決めて，その理由を語る活動です。例えば，「犬，猿，カブトムシ」を見せます。1つ仲間はずれを選び，選んだ理由を説明し合います。この場合は，カブトムシを選ぶ人が多いと思います。その理由を尋ねましょう。すると "Because beetles are insect." と答えるかもしれません。この活動を通して，理由を伝えるトレーニングをすることができます。

活動の手順

❶絵を見せ，やり方を説明して，活動します。

　　🧑（例のイラストを大きな画面に写し）あなたはこの中のどれが仲間はずれだと思いますか？　1つ選び，理由も考えてください。

　　（カブトムシを選んだ生徒を指名し）Why?

　　理由を教えてください。because を使いましょう。

　　🧑 Because beetles can fly.

POINT

　仲間はずれの理由はなんでも OK とします。カテゴリーが違う，能力，性質が異なるでもいいですし，「俺，嫌い」などの個人的な好みも尊重します。

分類しよう！

準備物 6個以上の単語やイラスト

活動の概要

6～8個程度の単語を一度に見せます。それらを2つのグループに分ける活動です。例えば，動物と植物，名詞と形容詞，規則動詞と不規則動詞などです。個人で取り組ませてもいいですが，おすすめはペアやグループでの協力プレーです。自然と会話がスタートするでしょう。

活動の手順

❶例を示し，やり方を説明して，活動します。

👦（例を大きな画面に写し）単語が8つ書かれています。これらを2つのグループに分けてください。

cherry	basketball
orange	soccer
baseball	melon
banana	tennis

👦 cherry, orange, banana, melon が果物で，それ以外はスポーツです。

👦 その通りです。そのように，2つに分類するゲームです。

POINT

1年生段階では，主に名詞を使って，カテゴリーごとに分けるのが肝だと思います。学習が進んできたら，品詞という概念を教えるために活用しましょう。過去形を学習したら，原形と過去形や規則動詞と不規則動詞の分類を，比較表現を学習したら，比較級と最上級で分類をさせることもできます。

お医者さんを探せ！

クラス全体

ペア・グループ

1人

聞く活動

読む活動

話す活動

書く活動

準備物 なし

活動の概要

　生徒全員に目を閉じ，顔を伏せさせます。その間に数名の肩を軽く叩きます。肩を叩かれた人は医者役となります。"Are you a doctor?" と言いながら，教室内に隠れているお医者さんを探す活動です。医者役の生徒は，自分以外の医者を探します。

活動の手順

❶やり方を説明し，活動します。

　　みなさん，目を閉じて顔を伏せてください（Please close your eyes and go to sleep.）。今から，誰かの肩を軽く叩きます。叩かれた人は，お医者さんとなります。（肩を叩いた後）では起きてください。みなさんは，今，飛行機の中です。原因不明の腹痛に襲われました。力を振り絞り，この中にいる医者を見つけ出してください。制限時間は1分です。探す時のセリフは，"Are you a doctor?" です。

POINT

　全員が腹痛に苦しみながら，医者を探す様子はとてもユーモラスです。医者を探す以外にも，料理人でも歌手でも可能です。面白い場面を設定するのがポイントです。職業の単語を勉強した後におすすめの活動です。

教室の中に5人いるよ！

準備物 なし

活動の概要

　生徒全員に目を閉じ，顔を伏せさせます。その状態で，質問をします。"Did you watch *Sazaesan* last night? Please raise your hands." と言い，Yes の生徒に手を挙げてもらいます。その人数を数えます。全員，目を開けさせた後，「昨日『サザエさん』を見た人が5人います。"Did you ～?" の文を使って，4人以上見つけてください」と言い，探させる活動です。

活動の手順

❶やり方を説明し，活動します。

　　👦みなさん，目を閉じて顔を伏せてください。今から，質問をします。Yes の人は手を挙げてくださいね。では，尋ねます。

　　Did you watch *Sazaesan* last night?　Raise your hands, please.

　　Thank you.

　　では，みなさん，目を開けてください。昨日「サザエさん」を見た人が5人いることがわかりました。誰が見たのか，"Did you ～?" を使って見つけてください。

POINT

　準備なしですぐできる活動です。何か質問をして，人数を確認するだけです。さまざまな Yes/No question を練習することができる便利な活動です。

カード集めゲーム

準備物　情報カード（例参照）

活動の概要

　制限時間内にたくさんカードを集める活動です。下のカードを配付し，1つの名前を丸で囲ませます。自由に出歩き，ペアを作ってジャンケンします。勝者は"Do you like〜?"と2回質問します。相手の答えを手がかりに，何者か予想し，"Are you 〜?"と尋ね，正解したら，相手のカードをもらうことができます。カードがなくなった生徒は，教師がもっている予備カードをもらい，再度ゲームに参加します。

	Ken	Miki	Jim	Nancy	Deepa
natto	○	○	×	×	○
hamburgers	○	○	○	×	×
takoyaki	×	×	○	○	○
sushi	○	×	○	○	×

活動の手順

❶カードを配り，やり方を説明し，活動します。

　カードに5人の名前があります。他の人に見られないように，1つ丸で囲みましょう。今から自由に出歩きます。ペアができたらジャンケンをし，勝者は"Do you like 〜?"の質問を2つしてください。その後"Are you 〜?"と尋ね，正解できたら相手のカードをもらえます。カードが0枚になったら，先生から1枚もらって再挑戦してください。

POINT

身につけさせたい表現を何度も使わせることができる楽しい活動です。

Chapter 2

ペア・グループで楽しめる
授業アイスブレイク

英語カルタ

準備物 カルタ（もしくは取り札の代わりになるシート）

活動の概要

　教師が発音した語が書かれた絵カードや綴りが書かれたカードを取る活動です。基本1対1で対戦させます。絵カードの単語をそのまま発音するだけでなく，動物カードなら英語の鳴き声を混ぜたり，果物カードなら色や形を描写したり，生徒の実態に合わせて変化をつけるとさらに盛り上がります。

活動の手順

❶実際にやりながら理解させます。

　　Let's enjoy Karuta Game!　では机を向かい合わせて2人組になってください。（カルタを配って）カードで同じ枚数きれいに並べてください。先生が言った単語を取ります。手は膝の上か，机の手前に置きます。では，始めます。Baseball!

POINT

　お手つきをした時は，「1回休み」や「持ち札を1枚出す」など教室で決めましょう。座席を変えながら行うことで，いろいろな友達と交流することができます。また，カルタを読む時に，最初の子音だけを先に発音すると，生徒たちはその音を手がかりに，取るべきカードを絞り込みます。カルタを通して，音素認識能力も磨くことができます。

以心伝心ゲーム

クラス全体

ペア・グループ

1人

聞く活動

読む活動

話す活動

書く活動

準備物　回答を書くボード

活動の概要

　教室を複数のグループに分け，各グループの代表者に教師が英語で質問を
します。代表者は回答をボードに書きます。各グループメンバーはそれぞれ
の代表者の回答を予想します。予想が当たったら得点がもらえるゲームです。
質問は "What food do you like?" や "Where do you want to go?" などです。

活動の手順

❶実際に１つのグループでモデルを示します。

　　🧑 給食のグループになってください。では，モデルを示しますので，
　　A班は誰か代表者を決めてください。先生が代表者（Aさん）にある
　　質問をします。Aさんはこのボードに答えを書いてください。他のメ
　　ンバーは回答を予想してください。これが一致したらポイントゲット
　　です。ではAさん，What season do you like?（Aさんが答えを書く）
　　では，みなさん，予想をどうぞ！

　　👦👦 Summer!

　　🧑 正解です!!　このように，予想と一致したら得点です。

❷実際に全グループから代表者を出し，本番を開始します。

POINT

教師はクイズ番組の司会者のように，ノリノリで盛り上げましょう。

競争音読

準備物　教科書

活動の概要

　教科書のあるページを指定し，どちらが早く最後まで読めるか競わせます。読ませる英文の長さは生徒の実態に合わせて調整するといいでしょう。またペアの実力差が大きい場合は，ハンディキャップをつけることで，緊張感のある競争になります。

活動の手順

❶例を示し，やり方を説明し，活動します。

　　👦 教科書 p.16を開けてください。今から先生と音読のスピードを競いましょう。p.16が読み終わったら座ります。よーい，始め！

　　（対戦が終わったら）今度は，ペアで競います。

POINT

　とてもシンプルで盛り上がる活動です。ハンディキャップのつけ方の例としては，①１回目勝った人は３秒後に読み始める　②負けた人が２文読み終わったら読み始める　③勝った人は教科書を逆さまに持つ　などがあります。いい加減な音読を防ぐために，個別に音読チェックをしたり，審判役を置いたりすることが大切です。あくまでも発音やアクセントを大切にしながらスピードが早まるよう指導しましょう。

通訳読み

クラス全体

ペア・グループ

1人

聞く活動

読む活動

話す活動

書く活動

準備物　教科書　和訳プリント

活動の概要

　ペアの一人が教科書を音読します。ピリオドで止まったら，ペアのもう一人がそれを日本語に訳します。最後までやったら，役割を交代してもう一度行います。和訳プリントは必要に応じて使わせてもよいでしょう。

活動の手順

❶教師がやり方を説明し，活動します。

　　通訳読みをします。ペアの一人が英文を読みます。ピリオドで止まったら，もう一人がその文の意味を日本語で言います。最後まで終わったら，座ってください。では，ジャンケンをします。勝った人が英文を読みます。全員起立！

POINT

　音読の練習と英文の内容理解を目的とした活動です。英文全体の意味はなんとなくわかっているけれど，どの文がどんな意味なのか，その理解が曖昧な生徒たちに効果的な活動です。英語を日本語に訳すパターンで紹介しましたが，一人が日本語を読み，もう片方がそれを英文にするというパターンも可能です。英語が得意な生徒には，「和訳プリントをなしで行う」「教科書をチラッと見るだけで行う」など負荷をかけてもよいでしょう。

同時通訳トレーニング

準備物 教科書　和訳プリント

活動の概要

　準備として，教科書の英文をチャンク（意味のまとまり）に分けておきます。スラッシュを入れさせましょう。ペアの片方がスラッシュまで英語を読みます。止まったら，片方のペアがそのチャンクの意味を言います。これを最後までやったら座ります。終わったら，役割を交換してもう一度行います。

活動の手順

❶チャンクの確認をした後に，活動の説明をし，活動します。

　　p.16の英文，チャンクでリピートしましょう（英語のまとまりを全体で確認する）。同時通訳トレーニングをします。ペアの片方が，英語をまとまりごとに読みます。パートナーはその部分の意味を言ってください。ジャンケン勝者が英語，敗者が日本語を言います。できるだけ素早く行ってください。

POINT ―――――――――――――――――――――――――――――

　英語を聴こえた順番のまま，意味のまとまりで処理する力を高める活動です。「誰が，何する，何を，どのように，どこで，いつ，なぜ……」という英語の基本的な情報の順序に慣れることができます。和訳プリントを使わなくてもできるように，易しい英文で始めることをおすすめします。

背中合わせ音読

準備物 教科書

活動の概要

　楽しく音読させたい，声を大きくさせたい時に使えるアイデアです。通常はペアで横並びか，向かい合って音読練習をすると思います。この音読は，その名の通り，背中合わせで音読します。いつもよりも大きい声で音読しないと互いの声が聞こえないので，自然と声が大きくなります。同じ英文を同時に読んでもよいし，ピリオド交代読みや役割読みを行ってもよいでしょう。

活動の手順

❶教師が説明し，活動します。

　　今日は背中合わせ音読をやります。やり方は名前の通りです。2人で背中合わせに立って，音読練習をするだけです。今日はp.16を読みます。ジャンケンで勝ったら，先に読みます。ピリオド交代読みをします。では，全員起立。ジャンケンしたら，始めてください。

POINT

　生徒によっては体の接触を嫌がるかもしれませんので，背中と背中はつけなくてもよいことを伝えましょう。背中合わせの状態で，競争音読や通訳読みなど，他の活動を行ってもよいでしょう。声の大きさに自信のあるペアには，「背中と背中の距離を大きくしてもいいよ」と声かけしましょう。

クラス全体

ペア・グループ

1人

聞く活動

読む活動

話す活動

書く活動

シチュエーション音読

準備物　教科書

活動の概要

　教科書の役割音読に「状況設定」をつけます。例えば，2人の対話のペー
ジを音読する時に，「Aさんは夜更かししてとっても眠い状態，Bさんはト
イレに行きたい状態」で読むよう指示します。演技が上手な生徒は，その設
定に合わせて，面白く音読をしてくれるでしょう。

活動の手順

❶教師が説明をし，活動します。

　　😊 今日は役者になってもらいます。p.16の役割音読にちょっとした設
　　定をしますので，上手に演じてくださいね。登場人物Aさんは，夜更
　　かしして超眠い状態です。Bさんはトイレに行きたくて仕方ない状態。
　　では，ペアでアクション，スタート！

POINT ———

　とっても眠い状態，トイレに行きたい状態，なぜかイライラしている状態，
めっちゃテンションが高い状態，ズシーンと落ち込んでいる状態，恋心を抱
いている状態，口の中に大きな飴玉が入っている状態……。生徒の演技力に
期待していろいろなお題を与えましょう。ジャンケンで勝ったら，相手の状
態を指定してよいという特典をつけると，かなり盛り上がります。

リモート音読

クラス全体

ペア・グループ

1人

聞く活動

読む活動

話す活動

書く活動

準備物 教科書

活動の概要

　ペアでの音読活動を行う際に，2人の距離を大きくとります。互いの声が自然と大きくなります。また，自分たち以外にも音読しているペアがたくさん存在しているので，聞こえにくい状態になります。すると，相手がどこを読んでいるのか，口元をより集中して見るようになります。

活動の手順

❶教師がやり方を説明し，活動します。

　　リモート音読をします。ペア音読をする時に，できるだけ2人の距離を大きくとってください。どちらのパートを読むかはジャンケンで決めてください。では，どのくらい離れられるか挑戦してみてください！

POINT

　単調になりがちな音読練習に変化をもたらすスパイス的な活動です。元気でやんちゃな生徒が活躍する音読スタイルです。2人の距離を大きくすることで，「声を大きくしなさい」と言わなくても大きな声が教室に響きます。教室を盛り上げることが一番の目的ですが，この活動でも，英語らしい発音やアクセント，イントネーションに意識がいくよう，丁寧な声かけをしましょう。

キーセンテンス暗唱

準備物 キーセンテンスの英文と和訳をまとめたプリント

活動の概要

　その学年で身につけるべき文法表現の定着を促す活動です。教科書の後ろの方に資料としてまとまっている「キーセンテンス一覧」に日本語訳をつけたプリントを用意します。ペアになり，一人が日本語訳を読み，もう一人が英文を暗唱するという活動です。学期末や学年末に行います。

活動の手順

❶教師がプリントを配り，やり方を説明して，活動します。

　👤 今配ったものは，今年度みなさんが学習した文法表現をまとめたものです。日本語を聞いて，すぐに英語にできる力を身につけると，文法問題はもちろん，読解や英作文でもとても役立ちます。一人が日本語を読みます。もう一人はそれを聞いて英語を読みます。テストまでには，プリントを見ずに英文を言える，書ける状態を目指しましょう。

POINT

　日本語を聞いて，すぐに対応する英語が口をついて出てくるという状態はスムーズなコミュニケーションにおいても非常に重要です。毎日短い時間で行うことで，少しずつ身につけることができます。時々，どの文が言えて，どの文が言えないのかペアチェックや教師チェックを行いましょう。

内容伝達ゲーム

クラス全体

ペア・グループ

1人

聞く活動

読む活動

話す活動

書く活動

準備物 英文が印刷されたプリント2種類

活動の概要

　教師は2種類の英文を用意します。ペアを作らせ，それぞれ内容の異なる英文を黙読するよう指示します。読む時間をとった後，互いに自分が読んだ文章の内容を伝え合う活動です。日本語で説明させる前に，英語で伝える時間をとることをおすすめします。

活動の手順

❶教師がやり方を説明し，活動します。

　　👦 今からペアで，内容が異なる文章をそれぞれ読みます。3分後，どんな内容だったのか英語でシェアしてもらいます。では，誰が，いつ，どこで，どんなことをするのか，相手に伝えられるようじっくり読んでください。

　　（3分後）では，どんな内容か英語で説明しましょう。

❷ペア活動後，2つの文章の意味を解説します。

POINT

　短時間で，文章の概要をつかむトレーニングです。英文の長さ，難易度は目の前の生徒の力に合わせて調整しましょう。内容を英語でシェアさせることでアウトプットの機会にもなります。

座れま10（カテゴリー編）

テン

準備物　タイマー

活動の概要

　教師が提示したお題（カテゴリー）に合う単語を10個言えたら座ることができるという協力＆競争ゲームです。例えば，「スポーツ（sport）」というお題の場合は，soccer, tennis, baseball……などを10個言わなくてはいけません。制限時間は30秒程度がおすすめです。

活動の手順

❶ルールを説明し，活動します。

　　👦 今から，座れま10というゲームをします。先生が出したお題に合う英単語を10個言うまで座れません。

　　ペアで協力して，なんとか10種類の単語を見つけてくださいね。

❷ピクチャーディクショナリーで単語のリピートをします。

　　👦 Open your picture dictionary to page 10. Repeat after me.

POINT ────────

　よくあるお題としては，食べ物，飲み物，動物，野菜・果物，スポーツ，色・形，乗り物，施設，自然，職業，国などがあります。基本は10個ですが，慣れてきたら，11個，12個とハードルを上げてもよいでしょう。時間内に座れたペアには，考え中のペアをアシストすることを許可しましょう。

Bomb Game（爆弾ゲーム）

クラス全体

ペア・グループ

1人

聞く活動

読む活動

話す活動

書く活動

準備物　タイマー　消しゴムなど爆弾になるもの

活動の概要

　教師が提示したお題（カテゴリー）に合う単語を，ペアで交代に言い続けます。タイマーが鳴った時に，爆弾を持っていた方が負けという対戦型のゲームです。

活動の手順

❶ルールを説明し，活動します。

　　今から，Bomb Game という活動をします。先生が出したお題に合う英単語を，ペアで代わりばんこに言います。単語を言ったら，同時に爆弾に見立てた消しゴムを相手に渡してください。

　　タイマーが鳴った時に,消しゴムを持っている方が負けとなります。

POINT

　よくあるお題としては，食べ物，飲み物，動物，野菜・果物，スポーツ，色・形，乗り物，施設，自然，職業，国などです。座れま10とは違って，タイマーのカウントダウンが見えないようにすることをおすすめします。タイマーがなる直前まで爆弾をずっと持っていて，1秒前に渡すズルを防ぎます。

ナンバーカウンティング

準備物 なし

活動の概要

　数を英語で素早く言う力を鍛える活動です。ペアになり，教師が指定した数を交代で言っていきます。例えば，1～20を交代で言い，20まで言えたら座ります。その早さを他のペアと競います。この活動を継続すると，英語で数を言う力とともに聞き取る力を高めることができます。

活動の手順

❶ルールを説明し，活動します。

　😊 今から，数字を素早く言う対戦ゲームをします。今日は1～20でやります。（一度全体で発音練習を行った後）これを，ペアで交代に言っていきます。言い終わったら着席します。スピード勝負です。

　では，ペアで1を言う人，2を言う人を決めてください。決まったペアは練習を始めてください。

　😊 One.　😊 Two.　😊 Three.　😊 Four …

　😊（練習後）では，本番です。Ready, start!

POINT

　言わせるパターンは，上昇，下降，奇数，偶数，かけ算，累乗などいろいろ変化をつけることができます。短く，何度も継続して行うと効果的です。

スピード自己紹介

クラス全体

ペア・グループ

1人

聞く活動

読む活動

話す活動

書く活動

準備物 タイマー　メモ用紙

活動の概要

　ペアを作り，話し手と聞き手の役割を決めます。話し手は1分間，自分に関することを話し続けます。聞き手は，その内容をひたすらメモします。タイマーが鳴った後，メモした内容が正しいか確認します。そして，今度は役割を交換し，同様に行います。

活動の手順

❶やり方を説明し，活動します。

　　😀 ペアになり，話し手と聞き手を決めてください。話し手になった人は，あなた自身について英語でできるだけたくさん語ってください。負けた人は，その内容をひたすらメモしてください。よーい，始め。（タイマーが鳴ったら）では，メモした内容が正しいか本人に確認してください。……役割を入れ替えます。よーい，始め。

POINT ────────────────────

　自己紹介の内容は，名前，出身地（住んでいる場所），誕生日，兄弟姉妹・ペットの数，好きなもの・好きじゃないもの，得意なこと，行ってみたい国などです。昨日食べたもの（過去形），行ったことがある場所（現在完了）など，学習したことを発信する場としてこの活動が活用できます。

なりきり自己紹介

準備物　タイマー　メモ用紙　プレゼンソフトのスライド

活動の概要

　ペアを作り，話し手と聞き手の役割を決めます。話し手は1分間，ある人物になりきって自己紹介をします。ある人物の情報は話し手のみが見ることができます（例えば，山田たろう・東京都出身・1月3日生まれ・野球好き）。聞き手は，その内容をひたすらメモします。タイマーが鳴った後，メモした内容が正しいか確認します。その後役割を交換し，同様に行います。

活動の手順

❶やり方を説明し，活動します。

　👤 ペアになり，話し手と聞き手を決めてください。話し手になった人は，画面に表示された人物になりきって自己紹介をしてください。負けた人は，その内容をひたすらメモしてください。タイマーが鳴ったら，メモした内容が正しいか確認してください。よーい，始め！

❷活動後，表現の確認をします。

POINT

　ある人物の情報は，紙で渡してもいいですし，大きな画面に映してもよいでしょう。聞き手に見えないようにすることが大切です。この活動の利点は，学習した表現を使わせる場面を自然とつくることができることです。過去進行形，経験表現などさまざまな表現を話すことから習熟させられます。

ジェスチャー進行形

クラス全体

ペア・グループ

1人

聞く活動

読む活動

話す活動

書く活動

準備物 タイマー　お題の提示

活動の概要

　ペアを作り，ジェスチャーする人と，予想する人に分かれます。教師が提示したお題（動作）をジェスチャーで相手に伝えます。予想する側は，その動きを見て，"Are you swimming?" や "Are you studying?" などと言います。いくつ当てられるか競う活動です。

活動の手順

❶ルールを説明し，活動します。

　　👦 ペアになり，ジェスチャーする役割とそれを当てる役割を決めてください。先生がお題を見せますので動きでそれを伝えてください。当てる側は「泳いでるのかな？」と思ったら，"Are you swimming?" と尋ねてください。もし当たっていたら "Yes, I am." と返事してください。

POINT ─────────────────────

　お題の例をいくつか挙げます。

　水泳（Are you swimming?）　スキー（skiing）　踊り（dancing）　麺類を食べている（eating noodle）　車の運転（driving a car）　ギターの演奏（playing the guitar）　料理（cooking）　睡眠（sleeping）

　単に「～している」よりも「○を～している」という問題の方が難易度は高くなります。

ピクチャーディスクライビング

準備物 タイマー　お題の提示

活動の概要

　一人が大画面に提示されているものを英語で描写します。もう一人は，画面を見ずに説明を聞き，画面に映っているものは何か予想します。制限時間は30秒程度，説明するものは２つか３つにすることをおすすめします。活動までに，「動物だよ」「食べ物だよ」とカテゴリーを伝えることで，難易度を下げることができます。

活動の手順

❶ルールを説明します。

　👦 ペアになり，画面を見て説明する役割と説明から何が画面に映っているかを当てる役割を決めてください。画面には３つのものが出てきますので，制限時間内にいくつ説明できるか頑張ってくださいね。

❷１回目の後に，ルールを追加します。

　👦 気持ちはわかりますが，ジェスチャーは禁止です！

POINT

　正確さは気にせず，単語だけでもかまわないから，何か言葉を発し続けるよう励まし続けましょう。リアルのコミュニケーションでも大切なことです。

3文スピーチ

準備物 タイマー　お題の提示

活動の概要

　教師のお題を見て，ほとんど準備ゼロで，3文のみ英語を話す活動です。ペアになり，ジャンケンなどで話し手と聞き手に分かれます。時間に余裕があったら，相手が話し終わった後に，質問をし合うと次回のスピーチに生かすネタやヒントを得ることができます。

活動の手順

❶ルールを説明し，活動します。

🙂 ペアになり，話し手と聞き手に分かれてください。先生がお題を出しますので，そのテーマに合った英文を3文言ってください。3文ですから，結論プラス理由や具体例くらいしか言えません。3文のみ，スパッと話してください。終わったら役割を入れ替えて行います。では，やってみましょう。今日のお題は，"Where do you want to go?" です。

POINT

お題の例をいくつか挙げます。同じお題を繰り返すこともとても大切です。
What's your favorite ～?　Where do you want to go?　What do you want to be?　What did you eat yesterday?　What do you want for your birthday?　What did you do last Sunday? Which do you like better, A or B?

メモリーゲーム

準備物 覚えてもらう画像　タイマー

活動の概要

　ペアを作り，説明する役割と，絵を描く役割に分かれます。説明する担当者には次のような図を約20秒間見て，覚えてもらいます。その後，絵を隠し，パートナーに何が，どこにいくつあったのかを説明します。できるだけ正確に絵を再現できるかを競う活動です。There is/There are 表現，位置を表す前置詞の学習の際におすすめの活動です。

活動の手順

❶ルールを説明し，活動します。

　　ペアを作ります。一人は伝える人です。画面の画像を覚えて，パートナーに伝えてもらいます。もう一人は，説明を聞き絵に描いてください。いかに正確に再現できるか，協力してくださいね。では，まずはよく覚えてくださいね。絵を描く人は目を閉じていてくださいね。（20秒後）では，パートナーに英語で伝えてください！

POINT

　例示では，単色の図形でしたが，人間や動物が描かれている絵や写真でも実施可能です。覚えるための時間の長さは，絵の難易度で調整しましょう。活動を通して，位置を表す言葉も自然と導入できます（例：左上 top left）。

1分間で意見を伝えよう

準備物 タイマー　お題の提示

活動の概要

　ペアを作り，話し手と聞き手に分かれてもらいます。教師は，「給食とお弁当どっちのほうがいい？」や「修学旅行で行くなら広島？　大阪？」など意見が割れそうな問いを出します。話し手は1分間，自分の意見を語り続けます。1分後役割を交代します。

活動の手順

❶やり方を説明し，活動します。

　　👦 ペアになり，先に話す人を決めてください。では，先生が出した問いに対するあなたの意見を言ってください。聞き手はじっくり聞き，相手が止まってしまったら，質問をして1分間話し続けられるようアシストしてください。

POINT

　気軽にできるお題としては，「給食はご飯派？　パン派？」「水族館と動物園，どっちに行きたい？」「都会に住みたい？　田舎に住みたい？」「大切なのはお金？　愛情？」などがあります。2択の質問だと，どちらかに態度を決めなくてはいけないので，一生懸命理由を考えるようになります。正確さに捉われすぎずに，内容を一生懸命伝える・受け取る姿勢が大切です。

クラス全体

ペア・グループ

1人

聞く活動

読む活動

話す活動

書く活動

Why Why インタビュー

準備物 タイマー　お題の提示

活動の概要

　ペアを作り，話し手と，聞き手に分かれます。教師が提示したお題について話し手が1文話します。聞き手は，それに対し，"Why?" と言い続けます。話し手は，1分間，"Why?" の連続攻撃に対して，"Because …" と答え続けます。理由を無理やり考える力を鍛えることができます。

活動の手順

❶ルールを説明し，活動します。

　👦 話し手は先生の質問に1文で答えてください。聞き手は，相手が何を言っても "Why?" と尋ね続けてください。相手が答えに困ったら，一緒に考えてくださいね。今回は，"Where do you want to go?" です。

　👦 I want to go to Kyoto.　👧 Why?

　👦 Because I like history.　👧 Why?（以下略）

POINT

お題の例をいくつか挙げます。

Where do you want to go? What subject do you like? What's your favorite restaurant?（restaurant 以外の語でも可能）Which do you like better, A or B? What do you want to be in the future?

　相手が納得する意見を言うための基礎力を鍛えることができます。

ウソまじり自己紹介スピーチ

準備物 タイマー

活動の概要

　ペアを作り，ジャンケンで勝った方が自己紹介を始めます。聞き手は，相手の発言がウソだと思った瞬間に「ダウト！」と言います。30秒（もしくは1分）経過したら，役割を交換します。「話をしっかり聞きなさい」とは言わずに，傾聴する意識を高めることができます。

活動の手順

❶やり方を説明し，活動します。

　　👤 ペアでジャンケンをします。勝った人は先に自己紹介を30秒（1分）してください。ただし，ところどころウソの情報を入れてください。聞き手は，ウソだと思った発言があったらその場で「ダウト！」と叫んでください。自己紹介する人はなるべくたくさん騙してください。聞き手は，騙されないようにしてくださいね。

　　（活動後）騙せた人は，本当の情報を相手に伝えてください。

POINT

　ウソまじりスピーチでは，自己紹介の他に，「毎日のルーティン」「昨日やったこと」「この前の土曜日に行ったこと」などのテーマがおすすめです。ウソを上手につくためには，よく考えて話す必要があります。ただし時間がかかりすぎるとあやしまれます。微妙な駆け引きを楽しむことができます。

深層心理が見える1分間自己表現

準備物　タイマー

活動の概要

　30秒の間，10文以上"I like 〜."の文を言うように指示します。一人が話している間，もう一人はいくつ言えるか数えます。「ウソを言っても本当のことを言ってもいいですよ」と言っていても，絞り出していくうちに本音が出てきてしまいます。一人の発言が終わった時に，「これは本当，これはウソ」と話し合うのも面白いです。

活動の手順

❶ルールを説明し，活動します。

　👦一人はノンストップで"I like 〜."の文を言い続けます。本当でもウソでもいいです。スピード重視です。パートナーは数を数えながら，内容にも耳を傾けてください。では，やってみましょう。

　（活動後）みなさん，意外とウソつけなかったのではないでしょうか？思わず口から出た本音や変なウソがあったら教えてください。

POINT

　"I like 〜."の他には，"I am 〜."の文，"I want to 〜."の文がおすすめです。最初は変なことを言おうと意気込むものの，タイムが迫っていると，つい本音が出てしまいます。時々，このような活動をして，自分の本音に気づいたり，友達の本音を探ったりするきっかけにしてはいかがでしょう。

英語伝言ゲーム

クラス全体

ペア・グループ

1人

聞く活動

読む活動

話す活動

書く活動

準備物 なし（生徒用端末）

活動の概要

　グループ対抗で行うゲームです。5人グループならば，5人が1列にならびます。全部で6グループある場合，6列になります。各列先頭の一人を教師のところに呼び，英文をゆっくり伝えます。その内容が，一番後ろのメンバーに正しく伝わったグループがポイントを手に入れることができます。ノーミスで5点。1語間違うごとに1点減点というルールにしても OK です。

活動の手順

❶ルールを説明し，活動します。

　　😊 各列先頭の人たち来てください。（廊下に集める）先生が今から言う英文を次の人に伝えてください。2回しか言いません。聞き返すのもダメです。"I went to Tokyo to eat delicious meat last Sunday." では，伝えてください。一番最後の人は，端末に録音してください。

❷正解を発表し，採点します。

　　😊 BチームとDチームは見事5点満点です。おめでとう！

POINT

　答え合わせの時に，他のグループの発表が聞こえてしまうと，答えを修正するグループがあるかもしれません。端末に録音してもらうことで，不正を防ぎ，みんなで同時に答え合わせができるので盛り上がります。

漢字ディスクライビング

準備物 タイマー　お題の提示

活動の概要

　ピクチャーディスクライビングの漢字バージョンです。「日（sun）＋月（moon）＝明」のように漢字の構成を伝えてもよいし，「believe ＝信（じる）」のように意味を伝えてもよいでしょう。漢字ディスクライビングの場合は，聞き手はノートに漢字を書くようにすると正誤がはっきりして面白いです。

活動の手順

❶ルールを説明し，活動します。

　　ピクチャーディスクライビングの漢字版をやります。ルールはほとんど同じです。見た目について説明してもよいですし，意味を説明してもよいです。聞き手は「これだ！」と思った漢字を紙に書きましょう。3つ同時に出題しますので好きな漢字から説明をスタートしてください。

POINT

　漢字にはいろいろな種類があります。おすすめの漢字を紹介します。

見た目で説明しやすい漢字：林　森　品　峠　椿　榎　柊　鰯　鮪　拍　横
　　　　　　　　　　　　　　清　液　召　時　肺　鰭　晶　器　叶　淡　唱

意味で説明しやすい漢字　：夜　理　英　数　東　西　南　北　星　小　大
　　　　　　　　　　　　　声　山　右　左　青　赤　黄　緑　白　川　水

先生ディスクライビング

クラス全体

ペア・グループ

1人

聞く活動

読む活動

話す活動

書く活動

準備物　タイマー　お題の提示

活動の概要

　ピクチャーディスクライビングの学校の先生版です。生徒たちにとっては
なじみのある人物について描写することになるので，単なる有名人を描写す
るよりも難易度は下がります。登場される先生には事前に許可を得ることを
おすすめします。三人称単数現在のｓなど，指導を入れ直すチャンスにもな
ります。

活動の手順

❶ルールを説明し，活動します。

　👤 今回のピクチャーディスクライビングは，みなさんにとっての身近
　な人が登場します。適切なヒントを伝えて，全問正解を目指してくだ
　さい。

　では，ジャンケンで勝った人は，画面を見て説明をしてください。負
　けた人は決して画面を見てはいけません。

POINT

　同僚の学校の先生は教師にとって，とっても利用価値（？）のある教材の
一つです。英語の時間にもぜひ登場していただきましょう。生徒による教師
の描写を聞いて新たな発見があることはよくあります。あの先生にそんな一
面が！　英語の学習とは別のところで大きな学びが得られます！

食べ物ディスクライビング

準備物　タイマー　お題の提示

活動の概要

　ピクチャーディスクライビングの食べ物限定バージョンです。味に関する表現，原材料，食感（texture）などに関する語彙を導入する時におすすめの活動です。

活動の手順

❶ルールを説明し，活動します。

　　ピクチャーディスクライビングの食べ物編です。ジャンケンで勝った人は，画面を見て説明してくださいね。負けた人は答えを予想してください。

❷必要な語彙を導入します。

　　サクサクとかもちもちとか，食感を表す英語を練習しましょう！

POINT

　食感表現（Texture expressions）をいくつか紹介します。「もちもち」は chewy，「サクサク」は crispy，「ベタベタ，ねばねば」は sticky，「しっとり」は moist，「ふわふわ」は fluffy などがあります。必要だと感じた時に導入することで，定着率はとても高まるはずです。

外国・都道府県ディスクライビング

準備物 タイマー　お題の提示

活動の概要

ピクチャーディスクライビングの外国・都道府県バージョンです。その国や地域の有名な食べ物，建築物，観光資源などを活用して，パートナーに伝える活動です。

活動の手順

❶ルールを説明し，活動します。

　　👤ピクチャーディスクライビングの国名，都道府県名バージョンです。その地域の有名なものを活用して，相手に上手に伝えてください。「この県は〜で有名」は，英語で "This prefecture is famous for 〜." と言います。「そこでは〜が食べられます」は "You can eat 〜 there." と言います。では，始めます。

POINT

「〜で有名」「〜ができる」など場所についての描写力を高めることができます。この活動の後，「行ってみたい場所」や「おすすめの旅行プラン」などを紹介する活動を行うと学習した表現を十分に活用することができます。現在は，端末を自由に活用できるので，その場でその地域に関する情報を調べることができます。生徒の個性が出るおすすめの活動です。

センテンスカウンティング

準備物 タイマー　お題の提示

活動の概要

　教師が設定したお題で，1分間英語を話し続けます。パートナーは相手が何文英語が言えるのかを数えます。英語が止まってしまった時は，パートナーは質問をして，話が続くようサポートしてもよいでしょう。

活動の手順

❶ルールを説明し，活動します。

　🧑 今から，My favorite anime というテーマで英語を話してもらいます。ジャンケンで先に話す人，何文話せるか数える人を決めてください。時間は1分間です。もし話が止まってしまったら，パートナーはテーマに関する質問をしてください。

POINT

　スピーチのテーマを紹介します。

・私の「推し」シリーズ：My favorite TV program / YouTuber / restaurant / music / subject / place / food / comic / movie / ice cream

・「出来事」シリーズ：What I did yesterday / last Sunday

・「紹介」シリーズ：自己紹介　家族（ペット）紹介　友人紹介

・「希望・願望」シリーズ：What I want to be / Where I want to go

サイコロトーク

準備物 タイマー　サイコロ　お題の提示（p.106参照）

活動の概要

　ペアにサイコロを渡します。サイコロの目が示したお題について2人で1分間会話する活動です。お題リストは，一定期間同じものを使います。

活動の手順

❶やり方を説明し，活動します。

　　😊 ペアでサイコロを振ります。どちらが振るかはジャンケンで決めてください。出た目が示すお題について，1分間英語でおしゃべり

お題リスト　No.1	
1 My Favorite Food	2 My Dream
3 My Favorite Season	4 Sports Day
5 My Favorite School Lunch	6 Yesterday

を続けてください。自分のことを語ることはもちろん，相手に質問してもオッケーです。

❷1回目の後に注意点を追加します。

　　😊 ペアを変えてもう一度行います。サイコロを振って，そのお題が2回目の場合，もう一度サイコロを振り直してもいいですよ。

POINT

　お題リストは1か月を目安に新しくします。全部入れ替えてもいいですし，1つか2つ残してもいいでしょう。お題は生徒から募集するのもおすすめです。ペアで1分話がもたなそうな場合は3人組にすると負荷が下がります。

お題リスト　No.1

1 My Favorite Food   2 My Dream

3 My Favorite Season   4 Sports Day

5 My Favorite School Lunch 6 Yesterday

お題リスト　No.2

1 Self Introduction   2 My Family

3 My Favorite Subject   4 My Hobby

5 My Favorite School Event 6 Last Night

お題リスト　No.3

1 My Favorite Restaurant 2 My Treasure

3 My Favorite Music   4 I want ~.

5 My Favorite TV program 6 I can ~.

お題リスト　No.4

1 I want to go to ~.   2 Our Town

3 I want to eat ~.   4 Summer Vacation

5 My Favorite YouTuber 6 My Hero

しりとり

クラス全体

ペア・グループ

1人

聞く活動

読む活動

話す活動

書く活動

準備物 タイマー

活動の概要

　文字通り「しりとり」を英語で行います。apple と一人が言ったら，対戦相手は，e で始まる英単語を言います。制限時間を設定し，タイマーが鳴った時に考え中のプレイヤーが負けというルールで行います。

活動の手順

❶例示をしながら，やり方を説明した後，活動します。

　🧑 先生と英語しりとりをしましょう。dog と言ったら，みなさんはなんと言いますか？　g で始まる語を言ってください。

　🧑 guitar?

　🧑 いいですね！　先生は，red!　こんなふうにやっていきます。

　では，ペアになり，ジャンケンをしてください。

POINT ━━━━━━━━

　まだ語彙が少ない場合は，教科書を見ることを許可しましょう。「教科書は2回まで見て OK」や，「索引以外のページなら何回見ても OK」など，苦手な子も楽しめるルールはどんどん設定しましょう。また，日本語では「ん」で終わったら負けのように，「t で終わったらダメ」「e で終わったらダメ」のようなルールを入れてもよいでしょう。

理由を創作しよう

準備物 タイマー　お題の提示

活動の概要

　教師がある１文を提示します。例えば，"Taro went to Tokyo yesterday." を生徒に見せます。それを見た生徒は because や to を使って，その文に理由を追加します。ペアで協力してもよいですし，早さや面白さを競ってもよいでしょう。because 節や to 不定詞表現のトレーニング活動です。

活動の手順

❶ルールを説明し，活動します。

　　😀 今からある英文を見せます。「誰が〜した」を表す文です。みなさんはペアで協力して，自由に理由を付け加えてください。理由をつけるためには何を使いますか？

　　😀 because とか？

　　😀 そうですね。または to プラス動詞の原形でも目的を表すことができます。では，やってみましょう。

POINT

　自由な創作を楽しませるために，提示する英文には具体的な人物や場所を入れると盛り上がります。生徒たちはその人物にあった理由をあれこれ考えるはずです。優秀作品は全体の前で披露するのもよいでしょう。

Ｔ・Ｆインタビュー

クラス全体

ペア・グループ

１人

聞く活動

読む活動

話す活動

書く活動

準備物 タイマー

活動の概要

　ペアで質問者と回答者を決めます。回答者の人は，相手の質問に時々正し
くない答えを言います。質問者は，相手の答えが正しいと思ったらＴと言
い，正しくないと思ったらＦと言います。１分間でいくつ正解できるか競
います。１分後役割を交代してもう一度行います。

活動の手順

❶ルールを説明し，活動します。

　　😀 先生に何か質問をしてください。もちろん英語で。

　　😀 What food do you like?

　　😀 I like natto. さて，この答えは本当？　それともウソ？　本当だと思
　　　った人はＴ（true）と言ってください。ウソだと思った人はＦ（false）
　　　と言ってください。Ａさん，どうですか？

　　😀 Ｆ！

　　😀 正解です！　このように，答える人は時々ウソをついてください。
　　　質問する人は，ウソか本当か見破ってください。

POINT
　この活動をすることで，相手の答えをじっくり聞く態度が育ちます。

スピード QA（Yes・No 編）

準備物 タイマー　お題の提示

活動の概要

　ペアを作り，質問者と回答者に分かれます。教師は，「30秒以内に，相手が "Yes, I do." と答える質問を５つせよ」というお題を提示します。質問者は "Do you 〜?" で始まる質問を使ってミッションクリアを目指します。５つ答えをゲットできたら座ります。役割を交換してもう一度行います。

活動の手順

❶ルールを説明し，活動します。

　　みなさんには次のミッションに挑戦してもらいます。「30秒以内に，パートナーから "Yes, I do." という答えを５つゲットせよ」というものです。そのために "Do you〜?" で始まる質問をします。ジャンケンの勝者が先にミッションに挑戦します。タイマーが鳴る前にミッションクリアを目指してください！

POINT

　Yes, I do./No, I don't. の他に，Yes, I am./No, I'm not., Yes, I can./No, I can't., Yes, I did./No, I didn't., Yes, I was./No, I wasn't., Yes, I have./No, I haven't を５つ集めるミッションなどが考えられます。また，Yes, I do. を３つ，No, I don't. を２つ集めるという課題も考えられます。

スピード QA（wh 編）

クラス全体

ペア・グループ

1人

聞く活動

読む活動

話す活動

書く活動

準備物 タイマー　お題の提示

活動の概要

　ペアを作り，質問者と回答者に分かれます。教師は，「30秒以内に，wh
語で始まる質問を5つせよ」というお題を提示します。質問者は What/
Who/When/How などで始まる質問を使ってミッションクリアを目指します。
5つ答えをゲットできたら座ります。役割を交換してもう一度行います。

活動の手順

❶ルールを説明し，活動します。

　　👦 みなさんには次のミッションに挑戦してもらいます。「30秒以内に，
　　wh 語で始まる質問を5つせよ」というものです。そのためには，
　　What，When，How などで始まる質問をします。ジャンケンの勝者が
　　先にミッションに挑戦します。タイマーが鳴る前にミッションクリア
　　を目指してください！

POINT

　「What → How → Where → Which → When の順番で質問せよ」のよう
に，使う wh 語の順番を指定する方法や，「相手が数字で答えるような質問
を5つせよ」のように答えを限定する方法もあります。さまざまな質問を瞬
時に考え，それに反応する力を高める活動です。

QA カウント

準備物　タイマー

活動の概要

　ペアになり，交互に英語で質問をし合います。1分間でいくつの「質問と答え」ができるか数えます。素早く質問をし，素早くそれに反応する力を育てるための活動です。

活動の手順

❶ルールを説明し，活動します。

　　ペアになり，互いに英語で質問をし合います。1分間でいくつの「質問と答えのセット」ができるか数えてください。今日は最初なので，テレビに質問の例を載せます。参考にしてください。では，先に質問する人をジャンケンで決めてください。では，始めます！

POINT

　既習の疑問文の習熟が目的です。質問と答えの例をまとめた QA リストのようなものを用意してもいいでしょう。ただし，リストを用意すると，リストに視線が行き，相手の顔を見なくなる傾向があります。英語を発する時は顔を見ようと声をかけ続けることや，リストを見ないでやり取りさせることなどが大切になります。また "Do you like math? Do you like sushi?" など，同種の質問を連続させることはルール違反であると伝えることも重要です。

ワードメモリーゲーム

クラス全体

ペア・グループ

1人

聞く活動

読む活動

話す活動

書く活動

準備物 なし（あればピクチャーディクショナリー）

活動の概要

　ペアになってあるカテゴリーに合った英単語を互いに１つずつ足していきます。果物というカテゴリーだったら，１人目が banana と言ったら，２人目は，banana，cherry と言います。また１人目はそこに１つ加え，banana，cherry，pineapple と続けます。思い出せなくなった方が負けとなるゲームです。

活動の手順

❶教師が説明をし，活動します。

　　👤 記憶力を競うゲームをします。お題は果物です。ペアで，果物に関する英単語を１つずつ足していきます。一人が apple と言ったら，次の人は，apple, banana のように１つ加えます。次の人は，apple, banana, watermelon のように続けます。思い出せなくなった人，間違えて言った人が負けとなるゲームです。

POINT

　語彙を豊かにするためのゲームです。小学校の時に使用していたピクチャーディクショナリーがあれば，活用することをおすすめします。何度も目に触れさせ，声に出させることで確実に定着していきます。ペアでも４人程度のグループでも楽しめる活動です。

Chapter 3

1人で熱中できる
授業アイスブレイク

リスニング穴埋め

準備物 英文に（　　　）が空いているプリント　生徒用端末

活動の概要

　英文のところどころに（　　　　）があるプリントを配ります。生徒は自分の端末で音声を聞き，（　　　　）に入るべき単語を書く活動です。教科書の英文でも，その他の英文でも可能です。何を（　　　　）にするか，（　　　）の数をいくつにするか，（　　　　）に入る語を語群から選ぶパターンにするかなどで，難易度を調節することができます。

活動の手順

❶教師が説明し，活動します。

　　（　　　　）が10個空いている英文のプリントと音声データを配ります。自分の端末で音声を聞いて，何が入るか英語を書いてください。ちょっと不安な人は，下の四角の中の語群から選んでもかまいません。自信がある人は，隠してやってみましょう。

POINT ─────────────────────

　今まで，一斉指導で行うことが多かったリスニング活動を，個人の活動にしたものです。英語が得意な生徒はナチュラルスピードで聞き，苦手な生徒はゆっくりスピードで聞くということも可能です。生徒に音声データを渡すことで何度も繰り返し，好きなだけ聞くことができるのも利点です。

録音して自分の声を聞いてみよう

クラス全体

ペア・グループ

1人

聞く活動

読む活動

話す活動

書く活動

準備物 教科書　生徒用端末

活動の概要

　自分の声を聞く機会は意外に少ないものです。しかし，発音の向上のためには，自分が話す英語を客観的に聞くことがとても効果的です。教科書を音読したものを録音させ，聞かせ，分析させる活動です。

活動の手順

❶教師が説明します。

　　👦 教科書 p.30 の英文を読み，それを録音してもらいます。3分時間をとりますので，自分のベストの音読を記録してください。

❷分析の視点を伝え，活動します。

　　👦 読む速さ，イントネーション，発音の3つを自分で評価してもらいます。活動後，自分の英語をよくするためのアイデアを書きましょう。

POINT

　分析まではなかなか難しいと思いますが，自分の発する英語を聞かせるだけでも効果は大きいです。多くの生徒がショックを受けます。そして英語らしさの要因は何か，それを生み出すためには何を意識することが大切なのかを積極的に考えるきっかけになります。

1文字埋め単語テスト

準備物 単語問題プリント　音声データ

活動の概要

　アルファベットと音の関係についての理解が浅い生徒におすすめの活動です。1文字だけが（　）になっている単語テストプリントを用意します。生徒は音声を聞きながら，（　）にアルファベットを書いていきます（例：pigという音を聞いて，（　）ig を埋めます）。音声は，ALT に準備してもらうとよいでしょう。

活動の手順

❶教師が説明し，活動します。

　👦単語の1文字だけが空欄になっている聞き取り問題をします。音声を自分の端末で聞いて，（　）に入るアルファベットを書きましょう。音声は，何度聞いてもかまいません。

POINT

　英語の文字と音の関係は非常に複雑です。まずは，t / d / k / g / p / b / m / n / l / r など1対1に対応する文字から始めるとよいでしょう。その後，ch / sh / th などの2文字セットのもの，母音字……と進めていきます。「音がわかれば，英語はある程度書ける！」という安心感をもたせることで，英語学習への不安を大きく下げることができます。

ディクテーション

準備物 ノート　音声データ

活動の概要

　ディクテーションとは，英語を聞いて，それを書き起こす作業のことです。とてもシンプルな活動です。教室には英語が得意な生徒もいれば，苦手な生徒もいます。個人作業にすることで，英文の難易度調整と英語のスピード調整が可能です。自分の力に合ったディクテーションを行うことができます。

活動の手順

❶教師が説明し，活動します。

　　英語を聞いて，それを書く活動をディクテーションと言います。聞き取った英語を書きます。リスニング力も，単語力も求められる活動です。

　　みなさんは自分の端末で音声を聞き，ノートに英文を書いてください。スピードの調節はみなさんにお任せします。3分後，正しい英文との比較をします。では，始めてください。

POINT

　生徒用のデジタル教科書がある場合は，それを活用することをおすすめします。スピード調節，回数設定，英文の表示など簡単に行うことができます。ディクテーションは英語の総合力を高めてくれる活動です。自主学習の定番メニューになるよう授業でも何度か体験させましょう。

録画した自分のスピーチを聞こう

準備物　生徒用端末

活動の概要

　生徒が英語でスピーチする様子を録画します。教科書に載っている偉人のスピーチでも，教師が用意したものでもよいでしょう。自分の映像を見ることで，よいスピーチとはどんなものか考えるきっかけを与えることができます。

活動の手順

❶教師が説明し，活動します。

　　👦教科書 p.40にあるスピーチを，自分自身で録画してもらいます。3分間で自分のベストを撮影してください。その後，評価ポイントをお伝えしますので，自己分析をしてもらいます。では，撮影開始！

❷評価ポイントを伝えます。

　　👦今回は，声の抑揚（イントネーション），自信がある表情，ジェスチャーの３つをチェックしてください。

POINT

　録画したものを見て，教室は笑いに包まれます。そしてスピーチの難しさに気づきます。互いにアドバイスし合うと，どんどん質が向上します。

アルファベット迷路

準備物　迷路シート（p.122参照）

活動の概要

　アルファベットの順番がまだ定着していない時期におすすめの活動です。迷路を楽しみながら，頭の中では何度も何度も ABC を繰り返します。家庭学習として与えてもよいですし，授業中に課題が終わった生徒への時間調整活動としてもよいでしょう。

活動の手順

❶教師が説明をし，活動します。

　　　ABC の順番，アルファベットの順番を覚えることは，辞書を引く時などに役に立ちます。正確に覚えているかチェックするために，迷路にチャレンジしてもらいます。まずは A から N までの迷路で練習しましょう。クリアできたら，次の迷路に進んでください。

POINT ───────

　「できたら先生に見せなさい」と言って，一人ずつチェックすることで，英語を特に苦手としている生徒を見つけることができます。アルファベットソングを聴かせたり，歌わせたりして，少しずつアルファベット順を覚えられるようサポートしましょう。英語が得意な生徒には，アルファベット迷路を作る課題を与えても盛り上がります。教師も助かります！

クラス全体

ペア・グループ

1人

聞く活動

読む活動

話す活動

書く活動

アルファベット迷路に挑戦しよう！　　　Name（　　　　　　　　　）

No.1 A〜N

A スタート	B	C	D	E
J	I	H	G	F
K	L	M	N ゴール	★

No.2 A〜Z

A スタート	B	C	D	E
J	I	H	G	F
K	L	M	N	O
T	S	R	Q	P
U	V	W	X	Y	Z ゴール

No.3 A〜Z

A スタート	B	C	F	G	Z ゴール
B	E	D	E	✕	Y
C	D	G	F	Y	X
L	K	✕	G	✕	W
M	J	I	H	W	V
N	Q	R	S	T	U
O	P	✕	T	✕	V

＊アルファベットソングを歌いながらやってみよう〜！

アルファベット点つなぎ

準備物　点つなぎシート（p.124参照）

活動の概要

　アルファベット迷路と同様に，アルファベットの順番を覚えるために行う活動です。順番に点を結んでいくと，ある図形や絵柄が現れるので，達成感を味わうことができます。家庭学習プリントとして，また時間調整のプリントとして生徒に配付するとよいでしょう。

活動の手順

❶教師がやり方を説明し，活動します。

　👤アルファベット順に点を結んでいくと，ある絵柄が現れます。アルファベットソングを口ずさみながら，楽しくやってみてください。大文字の点々を結び終えたら，小文字の点々も結んでください。

POINT

　点むすび，点つなぎは英語では，Dot to Dot と呼ばれます。さまざまなプリントを用意し，生徒に選ばせてもよいでしょう。また，紙ベースではなく，PDF データなどにして生徒の端末に送るのもおすすめです。ミスした時の修正も簡単ですし，何度もやり直すことができます。順番が間違っている生徒もいますので，時々チェックすることが大切です。

クラス全体

ペア・グループ

1人

聞く活動

読む活動

話す活動

書く活動

アルファベットの順番に点を結んでみよう。何ができるかな？

Name （　　　　　　　　　　　）

No.1　A〜I

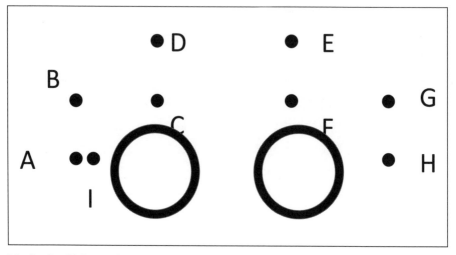

No.2　A〜Z と a〜k

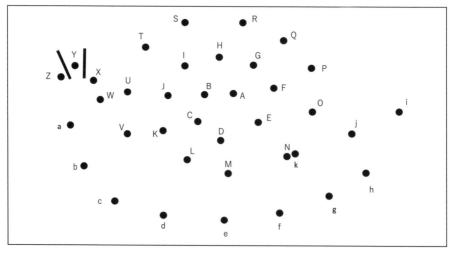

＊アルファベットソングを歌いながらやってみよう〜！

ワードサーチ

クラス全体

ペア・グループ

1人

聞く活動

読む活動

話す活動

書く活動

準備物　プリント（p.126参照）　ストップウォッチ

活動の概要

　アルファベットが並んでいる中から，英単語を見つける活動です。マスの数は，探す単語数や対象学年によって変化させてよいでしょう。「曜日を7つ探そう」や「dog cat pig monkey elephant の5つを探そう」のように，探すべき単語を明らかにしたほうが，取り組みやすく，達成感も味わいやすいです。生徒の実態によってはタイムアタック形式にするのもよいでしょう。

活動の手順

❶教師が活動の説明をし，活動します。

　　👤 25個のマスの中に，アルファベットが並んでいます。この中に，日曜日から土曜日まで7つの曜日が隠れています。タテ，ヨコ，ナナメに隠れています。3分以内にすべて見つけてください。

POINT ────

　楽しみながら，英語の単語力を高めることができる活動です。いろいろなカテゴリーのワードサーチを用意し，英単語への抵抗を下げることができます。楽しく取り組める家庭学習の素材として，授業中の時間調整の活動として役に立ちます。英語が得意な生徒には，ワードサーチの作成を頼んでもよいでしょう。

Word Search に挑戦！ 「動物編」

Name （   ）

記録 （   ）秒

P	E	T	P	D	A	A
A	E	L	I	O	S	Z
N	S	D	G	G	H	E
D	L	I	O	N	E	B
A	A	C	A	T	E	R
H	O	R	S	E	P	A

＊動物が９種類かくれているよ。 何秒で見つけられるかな？？

＊タテ（上から下へ），ヨコ（右から左へ），ナナメ，注意深く探してみよう。

＊自信がある人は，下のヒントを見ないでトライしよう。

　PIG　CAT　DOG　HORSE　LION　SHEEP

　ZEBRA　TIGER　PANDA

＊全部終わった人は，他に英単語がないか探してみよう。

タイムリミット音読

準備物　教科書などの音読素材　ストップウォッチ

活動の概要

　通常行っている教科書音読に制限時間を設定します。教科書の語数に合わせて，目安の秒数を提示します。教師が設定したラインをクリアできた生徒には，自分自身で目標値を設定させます。

活動の手順

❶教師が活動の説明をし，活動します。

　🧑 教科書 p.16の英文を，30秒以内で読めるようになってもらいます。この英文は75語なので，30秒で読めたら，150wpm という速さになります。自分のタブレットのストップウォッチ機能でタイムを測ってみてください。

POINT

　目標を示すことで，生徒はやる気を出し音読練習に取り組むことができます。目標値をクリアした生徒には，自分の力をどのくらいまで伸ばせるかに挑戦させます。速さにこだわるあまりに，英語の発音やイントネーションがいい加減になってはもったいないので，タイムの最小値を示すことも大切です。また，自分で録音し，それを聞く機会を与えることでも，雑な音読練習を防ぐことができます。

クラス全体

ペア・グループ

1人

聞く活動

読む活動

話す活動

書く活動

タイムピッタリ音読

準備物　教科書　ストップウォッチ

活動の概要

　教科書のあるページの文章の理想のタイムを教師が提示します。生徒は各自，ストップウォッチを見ながら練習をします。±１秒で読めるようになったという自信がある生徒は，教師のところで本番チャレンジをします。±１秒で読めたら，ピッタリ賞をプレゼントするという音読イベントです。音読する生徒はもちろんストップウォッチを見てはいけません。

活動の手順

❶教師が活動の説明をし，活動します。

　　　今日はピッタリ音読にチャレンジしてもらいます。教科書 p.20の英文を，24秒で読めたらピッタリ音読賞をプレゼントします。±１秒は合格範囲です。つまり23〜25秒で読んでください。では，練習時間をとりますので，準備をしてください。自信がある人は，先生のところに来てください。挑戦は１日に１回しかできません。

POINT

　ストップウォッチを７秒ピッタリで止める遊びのように，単純なゲームイベントとしてやりましょう。ピッタリ賞が出ると歓声が上がります。単調な音読練習にもゲーム性をもたせると意欲的に取り組む生徒が現れます。

ワンブレス音読

準備物 教科書

活動の概要

　ワンブレス，つまり一息でどこまで読めるかを競うシンプルな活動です。教室の雰囲気がなんとなく重い時などに行いましょう。やんちゃな生徒が活躍します。個人練習タイムをとった後，自信がある生徒は教師のところでチェックを受けます。教師は「現在の最高記録はここだよ」と伝え，挑戦者を募ります。

活動の手順

❶教師が活動の説明をし，活動します。

　🙂 一息で，教科書 p.30 の文をどこまで読めるか，ワンブレス音読に挑戦してもらいます。自信がある人はいますか？

　🙂 はい！（挑戦させて教師が聞く）

　🙂 Thank you!　Aさんは2行目の have まで読めました。もっと読めるという人は先生のところに来てください。

POINT

　一息でどれだけ読めるか，特に意味はありません。単なるゲームとして，楽しいイベントとして行って，教室が楽しい雰囲気に包まれれば十分です。教師自身もチャレンジャーとして，生徒と戦っても盛り上がります。

クラス全体

ペア・グループ

1人

聞く活動

読む活動

話す活動

書く活動

サバイバル音読

準備物 プレゼンソフトで作成したデータ

活動の概要

　音読する英文を Microsoft PowerPoint などで大画面に提示します。一定時間が経つと，英文がスクロールして見えなくなっていく効果を設定します。英文が消える前にすべて読み終えることができるかチャレンジするのが，サバイバル音読です。1回目に成功した人は，消えるのが早いレベルアップバージョンに挑戦させてもよいでしょう。

活動の手順

❶教師が活動の説明をし，活動します。

　　画面を見てください。時間が経過すると少しずつ英文が消えてしまいます。これが消えてしまう前にすべての文を読み終えてください。読み終えたら生き残れるサバイバル音読です！

POINT

　PowerPoint などのプレゼンソフトのアニメーション機能を使えば，徐々に消えていく英文を見せることができます。アニメーションデータを生徒用端末に送信できれば，個人で練習してチャレンジすることができます。音読が苦手な生徒には，さらにゆっくり消えるものを見せたり，英文の量を減らしたり，友達と交代音読をさせたり，工夫をして取り組ませましょう。

お邪魔虫音読

クラス全体

ペア・グループ

1人

聞く活動

読む活動

話す活動

書く活動

準備物 プレゼンソフトで作成したデータ

活動の概要

　大きな画面に英文を提示します。一定時間経過すると，英文の上に図形が落ちてきて，英文を隠していきます。時間が経つにつれて落ちてくる図形の数は増えていきます。すべて隠れてしまう前に，英文を読み切れば合格という音読です。

活動の手順

❶教師が活動の説明をし，活動します。

　　画面を見てください。時間が経過すると，丸や四角などの図形が次々と落ちてきて英文を隠していきます。お邪魔虫にめげることなく，すべての英文を読み切ってください。では，よーい，スタート！

POINT

　Microsoft PowerPoint などのプレゼンソフトのアニメーション機能を使って設定します。英文のどこを隠すかは，生徒の実態に合わせて調整しましょう。この活動を通して，音読のスピードを上げることができます。また，隠されても読めるようになれば，暗唱へ近づくことになります。遊び心を取り入れた音読を通して，生徒たちは楽しみながら，いつの間にかたくさん音読をし，力を伸ばすことができます。

指示語，代名詞を見抜け

準備物 読解用の素材

活動の概要

　読解力を高める活動です。日本語は，主語や目的語を省略することがあります。語順もかなり自由です。それに対して英語は，主語や目的語を省略することは少なく，語順も決まっています。そのため，指示語，代名詞がたくさん登場します。He は誰を指すのか，that とは何か，丁寧に確認することで，英文読解の基礎力を身につけます。

活動の手順

❶教師が活動の説明をし，活動します。

　　太郎さんが花子さんに，"I love you." と言ったとします。この場合，I とは誰を指しますか？　you は誰を指しますか？

　　I は太郎さんで，you は花子さん。

　　そうですね。英文では代名詞がたくさん登場します。代名詞が何を指すのか正確に理解することが，英文の正確な理解につながります。

POINT

　最初は教科書の英文を使って，じっくり行うとよいでしょう。慣れてきたら，初見の英文を使って，どの語が何を指すのか理解できるのかチェックしましょう。丸で囲み，線で結ばせる視覚的な補助も有効です。

段落＆文数え

準備物　教科書や読解用素材

活動の概要

　文章を理解するための基礎作業です。いくつの段落で構成されているのか，各段落にはそれぞれいくつの文があるのか。段落番号を振らせる，文の終わりにスラッシュを書かせ，文番号を振らせることで確認します。地味な作業ですが，正確な読解のためには非常に大切なスキルです。

活動の手順

❶教師が活動の説明をし，活動します。

　👦 教科書 p.45, p.46を開きます。この文章にはいくつの段落がありますか？

　👦 4つです。

　👦 1〜4の番号を振りなさい。では，第一段落を見てください。いくつの文がありますか？　ピリオドを見つけたら，スラッシュを入れます。いくつスラッシュを入れましたか？

　👦 5つです。

POINT

　英語が苦手な生徒もこの作業は行うことができます。このスキルを身につけることが，なんとなく読み，問題を解くことを防ぐきっかけになります。

1分間音読練習

準備物 教科書（デジタル教科書）　タイマー

活動の概要

　文字通り，1分間だけ音読練習をする時間を与えます。どんな練習をするかは生徒自身に任せます。普通に教科書を読む生徒，読めない語句の確認をする生徒，自分の端末で音声を聞く生徒，音声と同時読み（オーバーラッピング）をする生徒などさまざまです。1分間という短い時間なので，多くの生徒が集中して音読することができます。

活動の手順

❶教師が活動の説明をし，活動します。

　　😀 みなさんの音読を上達させてください。速さアップ，正確な発音，英語らしいイントネーションなど自分でテーマを決めて練習してください。時間はたった1分です。1分後，どんなことを意識して練習したのか聞きますよ。では，始め！

POINT ────────────

　自分でテーマを決め，それに合わせて練習メニューを選ばせます。自律的な学習者となるために，大切な力です。今は生徒一人ひとり端末を持っていますので，自分の声を録音して聴いたり，お手本を繰り返し聴いたりと，格段に勉強しやすくなりました。よって学習方法を教えることが重要です。

文法間違い探し

準備物 英文が書かれているプリント

活動の概要

　文法的な誤りを含んだ文章を見せて，間違いを探させる活動です。三人称単数現在のsがない，複数のsがない，ingのつけ方が間違っている……さまざまなミスを文章中に見つけさせます。生徒が実際によくやるミスを文章に盛り込み，間違いに気づく力を育てます。

活動の手順

❶教師が活動の説明をし，活動します。

　🙂 みなさんにこれからある英文を見せます。そこには文法的なミスが5つ含まれています。それらを見つけ，正しい形に直しましょう。文章の意味は変えないようにしてください。

POINT ───────────

　生徒が「話す」「書く」活動でよくする間違いを含む文章を提示します。例えば，「三人称単数現在のsのつけ忘れ」「時制に関する語形変化ミス」「助動詞の後ろの動詞にsがついている」「ingのつけ方が間違っている」などです。間違い探しをしながら，既習の内容を復習できるようにしましょう。この活動を行った後，自分たちが書いた英文を読ませると，ミスに気づきやすくなります。

クラス全体

ペア・グループ

1人

聞く活動

読む活動

話す活動

書く活動

チャンクスラッシュトレーニング

準備物 教科書か練習用の英文

活動の概要

　英文を意味のまとまりに分ける力を高めるトレーニングです。英文を見せて，意味のまとまりに分けてスラッシュを入れさせます。"Last summer, I went to Kyoto to see my uncle." という文ならば，Last summer, / I went / to Kyoto / to see my uncle.// のようにチャンクに分けさせます。

活動の手順

❶教師が活動の説明をし，活動します。

　I studied math for 1 hour in my room last night.

　この英文を4つのまとまりに分けるとします。Aさん，どう分けましたか？

　I studied math / for 1 hour / in my room / last night.// です。

　その通りです。では，このように意味のまとまりで，教科書 p.34の英文を分けてください。文の終わり，ピリオドのところにはダブルスラッシュを引いてください。

POINT

　英語の文は情報の出てくる順序にある程度決まりがあります。「誰が　〜する（…を）＋どのように　どこで　いつ　なぜ」が基本パターンです。意味のまとまりをつかむ力があれば，文章の意味を格段に捉えやすくなります。

推しの紹介（人物編）

クラス全体

ペア・グループ

1人

聞く活動

読む活動

話す活動

書く活動

準備物 生徒用端末

活動の概要

　自分の好きを語ること，いわゆる「推し」について話すことは誰にとっても楽しいものです。今回は好きな人物について話す活動です。最低限のフォーマットを与えて，30秒から1分間，自分で選んだ人物について語ってもらいます。

活動の手順

❶教師が活動の説明をし，活動します。

　　👤 今日は，みなさんに自分の好きな人物，「推し」について英語で語ってもらいます。"I'll talk about 〜." でスピーチを始めて，その人についての情報を1分間話してください。情報を集める作業，画像を集める作業，英文を作る作業に，端末を活用して構いません。

POINT ────

　好きを語るモチベーションはとても大きいです。授業以外の時間を使って，「推し」の情報や画像を集め，スピーチに盛り込む生徒がたくさんいます。端末を使えば，その場で Show&Tell が可能です。個人活動として作ったものは，ペアやグループで紹介したり，みんながアクセスできる場所に保存したり，さまざまな活用が可能です。

推しの紹介（漫画・店編）

準備物 生徒用端末

活動の概要

　好きなものを熱く語る活動。今回は「好きな漫画」や「好きなお店」について話してもらいます。好きな漫画には，好きなキャラクターがいます。リアルな芸能人よりも，二次元の存在を愛する中学生はたくさんいます。好きなお店が飲食店の場合は，おすすめのメニューや店主について語ることができます。

活動の手順

❶教師が活動の説明をし，活動します。

　　😊 今日は，みなさんが好きな漫画やアニメについて英語で語ってもらいます。I'll talk about my favorite comic book "作品名." とスピーチを始めてください。今日は，何を紹介するか，どんな内容を盛り込むかなど，５分とりますので，準備を進めてください。

POINT

　好きなものを紹介する動画は，カテゴリー別に分けて整理しておくとその後の活用に便利です。本人の許可を得て，他のクラスや他学年のクラスで紹介してもよいでしょう。好きなものを語る活動の魅力は，英語を勉強している感覚が少ないことです。いつの間にか英語力がアップする活動です。

暗唱チャレンジ

クラス全体

ペア・グループ

1人

聞く活動

読む活動

話す活動

書く活動

準備物　教科書　暗唱する文と和訳が載っている紙

活動の概要

　英文を丸ごと暗記してスラスラ言えるようになるトレーニングは，英語力アップにとても効果があります。音読がスムーズにできるようになった教科書の一部を活用するとよいでしょう。

活動の手順

❶教師が活動の説明をし，活動します。

　　😊 教科書 p.18 の英文を，丸ごと覚えてもらいます。得意不得意がありますので，2 つのコースを用意しました。9 文全部覚えるコースと 5 文コースです。今日は，p.18 の英文の和訳を見ながら行います。では，各自練習をしてください。準備ができたら，私か ALT の先生のところで暗唱チェックを受けてください。

POINT

　丸ごと覚えるトレーニングを通して，生徒たちは英語の語順やお決まりの表現，冠詞や前置詞の使い方を身につけることができます。暗唱チャレンジは，和訳を見せるパターン，何も見せないパターン，各文の最初の単語だけを見せるパターンなどいろいろあります。生徒には，「余裕でできるラインよりも，少し高めに目標設定することが大切」と伝え，調整させましょう。

三人称スピーチ

準備物 なし（生徒用端末）

活動の概要

　教科書にある一人称の英文（自己紹介文や日記文）を読んだり，友人の自己紹介を聞いたりした後，その内容を三人称で話す活動です。"I am Lisa. I live in Nagano." という英文ならば，"This is Lisa. She lives in Nagano." のように言い換えます。

活動の手順

❶教師が活動の説明をし，活動します。

　　先ほど，ペア活動で得た友達の情報を，先生に報告してもらいます。友達が "I like sushi." と言ったなら，"She likes sushi." のようになることに気をつけてくださいね。最初に，"I'll talk about my friend, ○○." と言って，友達紹介を始めてください。録音したら，データを提出してください。

POINT

　英文読解やペアでのリスニングの後に，その情報をアウトプットする機会を用意することで，読む意欲，聞く意欲が高まるだけでなく，話す力，書く力を伸ばすことができます。三人称スピーチでは，代名詞の使い方や三人称単数現在の s のつけ方の習熟が期待できます。

1分間プレゼン

準備物 　生徒用端末　紹介に必要なもの

活動の概要

　あるテーマについて，自分の考えを Microsoft PowerPoint や実物を使ってプレゼンする活動です。準備したものは，ペアやグループ，もしくは教室全体で発表する機会をつくってもよいでしょう。プレゼンを動画データにして，好きな時に見られる状態にすることもできます。プレゼンなので，聴いた人からのフィードバックをもらえるようにしましょう。

活動の手順

❶教師が活動のモデルを示します。

　　👦 今日は，私の理想の休日というテーマで1分間のプレゼンを作ってもらいます。端末を使って，画像を集め，発表データを作成してください。「より伝わるように，実物を持ってきたい！」という人は先生に事前に相談してください。では，作成を始めてください。

POINT

　生徒用端末にインストールされているプレゼンソフトを活用させましょう。「理想の休日の過ごし方」「いつか行ってみたい場所」などワクワクするテーマや「私のツイていない1日」「私の黒歴史」などのネガティブを笑い飛ばす系もよいでしょう。

英語早口言葉

準備物 早口言葉リスト　ピンポン・ブーと鳴るおもちゃ

活動の概要

　英語の早口言葉を楽しむ活動です。ALT に審判役を任せるとよいでしょう。「ピンポン！」「ブー！」と鳴るおもちゃがあると教室はさらに盛り上がります。1 対 1 で対戦させて，正確さとスピードを競うのもありです。うまく言えなくても楽しく盛り上がれるのが早口言葉のいいところです。

活動の手順

❶黒板に早口言葉を書き，読む練習します。

　　😀（Eight apes ate eight apples. と板書後）Please read this sentence.

　　😃 Eight apes ate eight apples.

　　😀 これは英語の早口言葉です。英語では Tongue twister と言います。

　　　つっかえずに言えたら合格（ピンポン！）です。自信がある人は，

　　　ALT の先生のところに来てください。

POINT

早口言葉例1：A big black bug bit a big black bear, but the big black bear bit the big black bug back.

　　　例2：She sells sea shells by the seashore.

さまざまなところでネタを探して，どんどん紹介しましょう。

どっちが人気？調査しよう

クラス全体

ペア・グループ

1人

聞く活動

読む活動

話す活動

書く活動

準備物　なし

活動の概要

　比較級や最上級のアウトプット活動を行う前におすすめのインタビュー活動です。生徒に「AとB，どっちが好き？」(Which do you like better, A or B?) の質問を作らせて，友達に尋ねさせます。その結果は，調査レポートに活用します。

活動の手順

❶教師が活動を説明し，活動します。

　　このクラスの実態調査をみなさんに行ってもらいます。AとBではどちらのほうが人気があるのか？　テーマは各自決めてください。例えば，「パンかご飯か，たこ焼きやお好み焼きか，夏か冬か」などです。できるだけたくさんの人に聞いたほうが，正確なレポートができます。

POINT

　活動前に，質問の文と答える文をしっかり練習することが大切です。自信がないと，日本語のみで調査してしまう生徒が現れてしまいます。調査結果は，"18 students like summer better than winter in Class 2-1." や"Music is more popular than P.E. in Class 2-1." などのアウトプットにつなげましょう。

プラス１ライティング

準備物 なし

活動の概要

　教師がある英文を見せます。生徒たちは，その英文に続く１文を，自由に考えて書きます。書いた後は，ペアやグループで，それぞれがどんな英文を書いたのかシェアします。ストーリーをイメージする力，英文を正しく書く力を高める活動です。

活動の手順

❶教師が活動の説明し，活動します。

　（John went to Tokyo last Sunday. と板書して）この英文に続くお話を自由に想像して，英語で書いてください。例えば，"He bought a new iPad." という文です。どんなストーリー展開にしても構いません。１文だけつけ足してください。では，どうぞ！

POINT

　通常の英作文では，自分自身の紹介，自分がやったことの描写など事実を書くことが多いです。しかし，この活動では，イメージを膨らませて，自由に面白い物語を書くことができます。友達に読んでもらうことを前提としているので，どうやったら楽しませられるか，読み手を意識した作文活動を行うことができます。

1語だけ書き換え作文

クラス全体

ペア・グループ

1人

聞く活動

読む活動

話す活動

書く活動

準備物　なし

活動の概要

　英文が10文程度書かれているプリントを配付します。それらの英文の，1文につき1語だけを変えて，違う内容の英文にするよう指示します。変える1語は，名詞でも，動詞でも，前置詞でも構いません。制限時間内に，できるだけたくさん書き換えさせます。活動後，ペアやグループで，どのように意味が変わったのか，話し合う時間をとります。

活動の手順

❶教師が説明をし，活動します。

　👤（I went to Tokyo by train last Saturday. と板書し）この文の1語だけを変えて，違う文を作ってください。

　👤 I went to Tokyo by boat last Saturday.

　👤 とてもいいですね！　めちゃめちゃハードな旅になりましたね。では，プリントを配ります。10文ありますので，好きな文を選び，1語だけ変えて，違う意味にしてください。

POINT

　この活動は生徒の創作意欲を駆り立てることができます。1語だけ変えればいいので，どの生徒も参加できます。教室が笑いに包まれる活動です。

洋楽ディクテーション

準備物　音源データ

活動の概要

　授業で歌ったことがある英語の曲，生徒にとって身近な曲を選びます。その歌詞にいくつか空欄を作ったワークシートを配ります。生徒たちは，自分の端末で音楽を聴き，その空欄に入る語を書きます。一定時間後，正解を確認します。

活動の手順

❶教師が説明をし，活動します。

　　前回歌った曲の歌詞カードを配ります。今回は，歌詞の中にたくさん空欄があります。そこにどんな言葉が入るか，自分の端末で音楽を聴いて，解答欄に書きましょう。制限時間は５分です。では，始め！

POINT

　英語に興味はなくても，音楽に魅力を感じる子はたくさんいます。英語の歌のディクテーション作業を行うと，歌詞通りに歌っていない（言っていない，極めて短く言っている，前後でつながっている）ことに気づきます。また，韻を踏むという詩作上の技術も学ぶことができます。歌詞をノーヒントで埋めるのが難しい場合は，「ここから選んでください」という語群を用意するとよいでしょう。活用するかどうかは生徒に決めさせます。

モータースキルトレーニング

クラス全体

ペア・グループ

1人

聞く活動

読む活動

話す活動

書く活動

準備物 トレーニングシート（p.148参照，Ａ４サイズに印刷する）

活動の概要

　アルファベットを書き始める前，もしくは書き始めた頃に行う活動です。モータースキルとは，運筆技術です。筆記具を思い通りに動かすための手首の動かし方，手指の力加減などを学ぶことです。他者が読みやすい字を書くためにも，大切なトレーニングです。

活動の手順

❶教師が説明をし，活動します。

> 文字は後で自分か誰かが読むものです。読みやすい字を書くことがとても大切です。そのためには，手首の動かし方や手指の力加減を学ぶことが必要です。トレーニングシート（p.148参照）を配りますので，指示に従って，丁寧に取り組んでください。

POINT

　英語には大文字と小文字があります。形が似ている文字がたくさんあります。いいかげんな書き方を身につけてしまう前に，運筆トレーニングをすることで，楽に読みやすい字を書くスキルを磨きましょう。フォントによっても認識のしやすさ，書きやすさが変わります。教科書会社は UD フォントを採用しています。それをなぞる経験をたくさんさせましょう。

手首の使い方，手指の力加減がレベルアップするトレーニング

Name （　　　　　　　　　　　）

Sample 1

Sample 2

1分間なぞり（視写）

クラス全体

ペア・グループ

1人

聞く活動

読む活動

話す活動

書く活動

準備物　なぞりプリント

活動の概要

　文字の丁寧さの改善と書くスピードの向上をねらった活動です。読み慣れた教科書の本文を，なぞり文字もしくはグレー文字で印刷します。そのプリントを1分間だけ丁寧になぞらせる活動です。文字の大きさは実際にノートに書くサイズよりも少し大きめがおすすめです。フォントは教科書会社が提供しているハンドライティングフォントを利用すれば，人間が書きやすい文字となります。

活動の手順

❶教師が説明し，活動します。

　　せっかく文字を書いても，読めなかったら意味がありません。丁寧に書く力を伸ばすトレーニングをします。今からプリントを配ります。丁寧にグレーの文字をなぞってください。スピードよりも，丁寧さを重視してください。（配付後）よ～い，始め！

POINT

　なぞる作業は，英語が苦手な生徒でも取り組むことが可能です。また1分間ならば，多くの生徒が集中して取り組めます。丁寧な文字を書く大切さを語り続け，時々授業中になぞり作業や視写作業をさせましょう。

1分間単語練習

準備物 教科書　練習用ノート

活動の概要

　1分間時間をとり，単語練習をさせます。単語テストを行う前の最後の練習時間として設定するとよいでしょう。鉛筆で実際に書く練習をするか，指で机の上に書く練習をするかは生徒に任せます。1分間，英語をぶつぶつとつぶやく声と，鉛筆がノートの上を動く音だけが聞こえる状態が理想です。

活動の手順

❶教師が説明し，活動します。

　　🧑 単語テスト前に最後のチャンスをプレゼントします。1分間，集中して練習をしてください。鉛筆で練習しても，指で練習してもいいです。では，1分間練習，始め！

POINT

　単語の練習をさせる前に，その単語を読めるかどうか確認することが大切です。単語を見て，それを音声にできない状態で，綴りを学ぼうとすると極めて大きな負荷がかかります。読める状態になった上で，それをつぶやきながら，指で書く練習をします。お手本を見ないで書けるようになってから，鉛筆で書かせます。鉛筆で書けなかったら，手本を見て，指練習。自信がついたら鉛筆書き。こうすると何度もノートに書かずに覚えることができます。

参考文献

・奥住桂, 上山晋平, 宮崎貴弘, 山岡大基著『4達人が語る！至極の英語授業づくり＆活動アイデア』明治図書（2022）

・瀧沢広人, 大塚謙二, 胡子美由紀, 畑中豊著『4達人に学ぶ！究極の英語授業づくり＆活動アイデア』明治図書（2020）

・胡子美由紀著『生徒を動かすマネジメント満載！　英語授業ルール＆活動アイデア35』明治図書（2011）

・大塚謙二著『成功する英語授業！　50の活動＆お助けプリント』明治図書（2008）

・安木真一著『英語力がぐんぐん身につく！驚異の音読指導法54』明治図書（2010）

・村上加代子編・著『目指せ！　英語のユニバーサルデザイン授業　みんなにわかりやすい小・中学校の授業づくり』学研教育みらい（2019）

・河合裕美, 高山芳樹著『きいて・みて・まねて覚える英語の音』大修館書店（2021）

・アレン玉井光江著『小学校英語の文字指導　リタラシー指導の理論と実践』東京書籍（2019）

・瀧沢広人著『授業が必ず盛り上がる！小学校英語ゲームベスト50』学陽書房（2019）

・佐々木紀人著『英語嫌いをなくす！　生徒をぐいぐい授業に引き込む教師のスゴ技』学陽書房（2021）

・田中武夫, 田中知聡著『「自己表現活動」を取り入れた英語授業』大修館書店（2003）

・向山洋一著『新版　授業の腕を上げる法則』学芸みらい社（2015）

・浅野雄大, 芹澤和彦編著『中学校・高等学校　4技能5領域の英語言語活動アイデア』明治図書（2021）

・安木真一著『スピーキング力に差がつく！英語アクティブ音読「超」指導法』明治図書（2022）

【著者紹介】

岩井　敏行（いわい　としゆき）

1978年栃木県生まれ。宇都宮大学教育学部を卒業後，宇都宮大学教育学部大学院修士課程を修了。その後，栃木県日光市の中学教師として約20年間勤務。現在は英語専科教員として複数の小学校で英語授業を行なっている。

主な著書（共著）に『小学校英語を楽しく！“ひとくち英語”日めくりカード集 ５年生用』『１日５分で英会話の語彙力アップ！中学生のためのすらすら英単語2000』（ともに明治図書），『中学英語　デジタル教科書　活用授業』（学陽書房）がある。

中学校英語サポートBOOKS

１分間でできる！生徒が熱中する！
英語授業アイスブレイク120

2024年２月初版第１刷刊 ©著　者	岩　　井　　敏　　行
2024年12月初版第２刷刊 発行者	藤　　原　　光　　政

発行所　明治図書出版株式会社
http://www.meijitosho.co.jp
（企画）木山麻衣子（校正）丹治梨奈
〒114-0023　東京都北区滝野川7-46-1
振替00160-5-151318　電話03(5907)6702
ご注文窓口　電話03(5907)6668

＊検印省略　　　　組版所 日本ハイコム株式会社

Printed in Japan　　　　　　ISBN978-4-18-277829-2
もれなくクーポンがもらえる！読者アンケートはこちらから